# Comédias

Título – Comédias
Copyright © Editora Lafonte Ltda. 2021

Todos os direitos reservados.
Nenhuma parte deste livro pode ser reproduzida por quaisquer meios existentes sem autorização por escrito dos editores e detentores dos direitos.

**Direção Editorial** Ethel Santaella
**Preparação e revisão** Cristiane Fogaça
**Textos de capa** Dida Bessana
**Diagramação** Demetrios Cardozo
**Imagem de capa** Hare Krishna / Shutterstock

Dados Internacionais de Catalogação na Publicação (CIP)
(Câmara Brasileira do Livro, SP, Brasil)

```
Pena, Martins, 1815-1848
    Comédias / Martins Pena. -- São Paulo : Lafonte,
2021.

    ISBN 978-65-5870-195-8

    1. Teatro brasileiro I. Título.

21-85590                                    CDD-B869.2
```

Índices para catálogo sistemático:

1. Teatro : Literatura brasileira    B869.2

Cibele Maria Dias - Bibliotecária - CRB-8/9427

**Editora Lafonte**

Av. Profª Ida Kolb, 551, Casa Verde, CEP 02518-000, São Paulo-SP, Brasil - Tel.: (+55) 11 3855-2100
Atendimento ao leitor (+55) 11 3855- 2216 / 11 – 3855 - 2213 – *atendimento@editoralafonte.com.br*
Venda de livros avulsos (+55) 11 3855- 2216 – *vendas@editoralafonte.com.br*
Venda de livros no atacado (+55) 11 3855-2275 – *atacado@escala.com.br*

**MARTINS PENA**

# Comédias

Lafonte

Brasil - 2021

# ÍNDICE

AS CASADAS SOLTEIRAS ................................................................................................... 7
O NOVIÇO ............................................................................................................................ 69
O JUDAS EM SÁBADO DE ALELUIA ................................................................................ 135
QUEM CASA QUER CASA ................................................................................................ 169
O JUIZ DE PAZ NA ROÇA ................................................................................................. 197

# As Casadas Solteiras

*Personagens*

BOLINGBROK, negociante.

JOHN, seu sócio.

JEREMIAS.

NARCISO, pai de

VIRGÍNIA e CLARISSE.

HENRIQUETA, mulher de Jeremias.

Um criado, e

Diferentes pessoas de ambos os sexos.

*A cena se passa: o primeiro ato, em Paquetá; o segundo, na Bahia, e o terceiro, no Rio de Janeiro.*

## COMÉDIA EM TRÊS ATOS.

### ATO PRIMEIRO

O teatro representa o Campo de São Roque, em Paquetá. Quatro barracas, iluminadas e decoradas, como costumam ser nos dias de festa, ornam a cena de um e outro lado; a do primeiro plano, à direita, terá transparentes fantásticos, diabos, corujas, feiticeiras, etc. No fundo, vê-se o mar. Diferentes grupos, diversamente vestidos, passeiam de um para outro lado, parando, ora no meio da cena, ora diante das barracas, de dentro das quais se ouve tocar música. Um homem com um realejo passeia por entre os grupos, tocando. A disposição da cena deve ser viva.

### CENA I

*Jeremias e o povo.*

JEREMIAS – Bem fiz eu em vir à festa de São Roque. Excelente dia passei e melhor noite passarei – e vivam as festas! Perca-as quem quiser, que eu não. Para elas nasci, e nelas viverei. Em São Roque, na Penha, na Praia Grande, na Armação... Enfim, em todos os lugares aonde houver festa, se estiverem duas pessoas, uma delas serei eu. Que belo que isto está! Barracas, teatrinho de bonecas, onças vivas, fogos de artifício, máquinas, realejo e mágicos que adivinham o futuro... Logo teremos um nesta barraca... Ora, esses estrangeiros são capazes das maiores extravagâncias para nos chuparem os cobres! Se há tanta gente que acredita neles... Estou que não caibo na pele!

VOZES – Aí vem a barca! Aí vem a barca!

JEREMIAS – A barca! *(Correm todos para a borda do mar, exceto Jeremias.)* Vejamos, primeiro, quem vem da cidade, para depois aparecer. Tenho cá minhas razões... *(Sai pela direita. Nesse momento aparece a barca de vapor, que atraca à praia e toca a sineta. Principiam a saltar os passageiros, e entre eles, John e Bolingbrok, que se encaminham para a frente.)*

## CENA II

*John, Bolingbrok e o povo.*

JOHN – Enfim, chegamos.

BOLINGBROK – Oh, yes, enfim! É uma vergonhe estes barques de vapor do Bresil. Tão porque, tão, tão, tão...

JOHN – Ronceira.

BOLINGBROK – Ronceire? Que quer dize ronceire?

JOHN – Vagarosa.

BOLINGBROK – Yes, vagarosa. John, tu sabe mais portuguesa que mim.

JOHN – Bem sabes, Bolingbrok, que ainda que sou filho de ingleses, nasci no Brasil e nele fui criado; assim, não admira que fale bem a língua... Mas vamos ao que serve.

BOLINGBROK – Yes, vamos a que serve.

JOHN – Primeiro, correremos tudo para ver se encontramos nossas belas.

BOLINGBROK – Oh, God! Encontre nosses beles... Mim fica contente se encontre nosses beles. Oh, God!

JOHN – Já vejo, meu caro Bolingbrok, que estás completamente subjugado. Admira-me! Um homem como sois, tão frio e compassado...

BOLINGBROK – Oh, non, my dear! Este é um error muito... fundo... muito oco... non, non! Muito profundo... yes... muito profundo. Minha peito é uma volcão, uma barril de pólvora... Faltava só a faísca. Miss Clarisse é faísca, e minha peito fez, fez, fez bum!

JOHN – Explosão.

BOLINGBROK – Yes, yes! Explosão! Mim está incêndio.

JOHN – Podias ter-te atirado ao mar.

BOLINGBROK – Oh, non, non! Mar non! Primeiro quero casa com my Clarisse, senão eu mata a mim.

JOHN – Devagar com isso, homem, e entendamo-nos.

BOLINGBROK – Oh, God!

JOHN – Há dois anos que chegaste de Inglaterra e estabeleceste, na Bahia, uma casa de consignação, de sociedade comigo. Temos sido felizes.

BOLINGBROK – Yes!

JOHN – Negócios de nossa casa obrigaram-nos a fazer uma viagem ao Rio de Janeiro. Há quinze dias que chegamos...

BOLINGBROK – Yes!

JOHN – E há oito que nossos negócios estão concluídos, e estaríamos já de volta, se não fosse o amor que nos prende.

BOLINGBROK – Oh, my Clarisse, my Clarisse!

JOHN – Por um feliz acaso, que servirá para mais estreitar nossa sociedade, amamos a duas irmãs.

BOLINGBROK – Oh, duas anjos, john! Duas anjos irmãos...

JOHN – Antes de ontem fomos, pessoalmente, pedi-las ao piá, que teve o desaforo de negar o seu consentimento, dizendo que não criou suas folhas para casá-las com ingleses.

BOLINGBROK – Oh, goddam! Atrevida!

JOHN – Mas deixa-o. Estamos de inteligência com elas, e hoje nos há de ele pagar.

BOLINGBROK – Oh, yes! Paga, atrevida, paga!

JOHN – Elas aqui estão desde manhã para assistirem à festa. Logo haverá fogo de artifício... Sempre há confusão... a falua estará na praia às nossas ordens, e mostraremos ao velho o que valem dois ingleses...

BOLINGBROK – Yes! Vale muito, muito! Goddam!

## CENA III

*Jeremias e os ditos.*

JEREMIAS, *entrando cauteloso* – Nesta não veio ninguém que me inquiete.

JOHN, *para Bolingbrok* – Silêncio! *(Passeiam pela frente do tablado.)*

JEREMIAS, *à parte* – Quem serão estes dois? *(Aproximando-se deles.)* Parecem-me ingleses... Há de ser, há de ser... É fazenda que não falta por cá. Não gostam do Brasil, Brésil non preste! Mais sempre vão chegando para lhe ganharem o dinheiro...

BOLINGBROK, *para John* – Yes.

JEREMIAS, *à parte* – Não disse? São ingleses. Conheço um inglês a cem léguas; basta que diga: yes! Façamos conhecimento... *(Chegando-se para os dois:)* Good night.

BOLINGBROK – Good night. *(Continua a passear.)*

JEREMIAS, *seguindo-o* – Os senhores, pelo que vejo, são ingleses.

BOLINGBROK – Yes. *(Continua a passear.)*

JEREMIAS – Eu os conheci logo por causa do yes; e o senhor... Mas que vejo? John? Não me engano...

JOHN, *reparando nele* – Jeremias!

JEREMIAS – Tu, no Rio de Janeiro, e em Paquetá, John? Quando chegaste?

JOHN – Há quinze dias, e já te procurei em tua antiga casa, e disseram-me que tinhas casado e mudado de domicílio.

JEREMIAS – Disseram-te a verdade.

BOLINGBROK – Quem é este?

JOHN – Bolingbrok, apresento-te meu amigo Jeremias. Andamos no mesmo colégio aqui no Rio de Janeiro; fomos sempre amigos.

BOLINGBROK – Muita honra, senhor. *(Dá-lhe a mão e aperta com força e sacode.)*

JOHN – Jeremias, meu sócio, Mister Bolingbrok.

JEREMIAS, *sacudindo a mão de Bolingbrok com violência* – Muita honra.

BOLINGBROK – Oh, basta, basta!

JEREMIAS, *para John* – Teu sócio fala português?

JOHN – Muito mal.

JEREMIAS – Nesse caso, falarei eu inglês.

JOHN – Sabes inglês?JEREMIAS – De curiosidade... Tu vais ver. *(Para Bolingbrok:)* Good morning. How do you do? Very well! Give me some bread. I thank you. Gato come frango. I say...

BOLINGBROK, *com frieza* – Viva, senhor! *(Dá-lhe as costas e passeia.)*

JOHN, *rindo-se* – Estás muito adiantado...

JEREMIAS – Não falo tal qual um inglês, mas arranjo meu bocado.

JOHN – Está o mesmo Jeremias; sempre alegre e folgazão.

JEREMIAS – Alegre, John? Não. Já te não lembras que estou casado?

JOHN – E isto te entristece?

JEREMIAS – Como não imaginas.

JOHN – Onde está tua mulher?

JEREMIAS – Eu sei lá?

JOHN – Oh, excelente marido!

JEREMIAS – Soube ontem que hoje era festa de São Roque. De manhã muito cedo meti-me na barca e safei-me sem dizer nada. Que queres? Não posso resistir a uma festa.

JOHN – E deixaste tua mulher só?

JEREMIAS – Tomara eu também que ela me deixasse só. O que eu estou a temer é que ela arrebente por aqui mais minutos, menos minutos... É muito capaz disso! John, Deus te livre de uma mulher como a minha.

BOLINGBROK, *correndo para John* – John, John,! Vem ela, vem ela!

JEREMIAS, assustando-se – Minha mulher?

BOLINGBROK – Olha, John, olha! God! Mim contente!

## CENA IV

*Entram pela direita Virgínia e Clarisse.*

JOHN – São elas!

JEREMIAS – Que susto tive eu! Pensei que era minha mulher.

JOHN – Virgínia!

BOLINGBROK – My Clarisse!

VIRGÍNIA – John!

CLARISSE – Bolimbroque!

BOLINGBROK – By God!

JEREMIAS, *à parte* – Ué! As filhas do Narciso... Bravo!

VIRGÍNIA – O senhor Jeremias!

CLARISSE – Ah!

JEREMIAS – Minhas senhoras, bravíssimo!

JOHN, *para Jeremias* – Conheces estas senhoras?

JEREMIAS – Se as conheço! São minhas vizinhas.

JOHN – Jeremias, espero que tu não nos trairás. Estas meninas devem ser nossas esposas... E como o pai não consente em nosso casamento, aqui estamos para roubá-las, e as roubaremos.

JEREMIAS – Olá! Isto vai à inglesa... Dito e feito...

JOHN – Podemos contar com a tua cooperação?

JEREMIAS – Vocês casar-se-ão com elas?

JOHN – Juramos!

BOLINGBROK – Yes! Jura!

JEREMIAS – Conta comigo. Tenho cá minhas quizílias particulares com o pai, e boa é a ocasião para vingar-me. Que queres de mim?

JOHN – Vai-te pôr de vigia para que ele não nos surpreenda.

JEREMIAS – Pronto! Dona Virgínia, Dona Clarisse, adeusinho. *(À parte.)* Ah, meu velhinho, tu agora me pagarás o nome de extravagante que sempre me dás... *(Sai pela direita.)*

## CENA V

CLARISSE – Nós os procurávamos.

BOLINGBROK – Yes! Nós está aqui.

JOHN – Há meia hora que desembarcamos, e não sabíamos para onde dirigirmo-nos a fim de encontrar-vos.

VIRGÍNIA – Estávamos passeando bem perto daqui e os vimos passar por diante desta barraca. Metemo-nos por entre o povo, fizemo-nos de perdidas e corremos ao vosso encontro. O velho, a estas horas, estará a nossa procura.

BOLINGBROK – Está muito contente, Miss, de fala a vós. Muito contente, Miss, muito satisfeita.

CLARISSE – Creia que também de minha parte.

BOLINGBROK – Yes! Minha parte muito satisfeita! Goddam!

JOHN – Minha querida Virgínia, quanto sofro longe de ti.

BOLINGBROK – My dear Clarisse, eu fica doente longe de ti.

JOHN – Não há para mim satisfação sem a tua companhia.

VIRGÍNIA – Sei quanto me ama.

BOLINGBROK – Eu está triste como uma burro sem tua companhia.

CLARISSE – Conheço o quanto me estima.

JOHN – O sono foge de meus olhos, e se alguns instantes durmo, contigo sonho.

BOLINGBROK – Mim não dorme mais... Leva toda a noite espirrando.

CLARISSE – Espirrando?

BOLINGBROK – No, no, suspirando. Yes, suspirando.

JOHN – Quando me lembro que talvez viva sem ti, quase enlouqueço... desespero.

BOLINGBROK – Quando mim lembra vive sem ti... Oh goddam, mim fica danada. By God! Yes, fica muito... muito... Yes.

VIRGÍNIA – Meu caro John, não duvido um instante de vosso amor.

JOHN – Querida Virgínia!

CLARISSE – Certa de vosso amor, com amor vos pago.

BOLINGBROK – My Clarisse, my Clarisse!

JOHN – Mas isto assim não pode durar.

BOLINGBROK – No, no, non pode dura.

JOHN – Teu pai ainda se opõe à nossa união?

VIRGÍNIA – Ainda. Ele diz que odeia aos ingleses pelos males que nos têm causado, e principalmente agora, que nos querem tratar como piratas.

BOLINGBROK – Piratas, yes. Piratas. As brasileiras é piratas... Enforca eles...

CLARISSE, *afastando-se* – Ah, somos piratas?

VIRGÍNIA – Muito obrigada...

BOLINGBROK – No, no, Miss... Eu fala só das brasileiras machos...

CLARISSE – São meus patrícios.

BOLINGBROK – As machos... mim não gosta deles. As brasileiras, mulheres, yes... Esta é bela... é doce como sugar...

JOHN – Cala-te, Bolingbrok, que não dizes senão asneiras.

BOLINGBROK – Yes, mim diz asneiras... Mim é cavalo, quando está junto de vós. *(Aqui entra pela direita Narciso.)*

VIRGÍNIA – É preciso termos prudência.

NARCISO – Está muito bonito! Muito bonito! *(Espanto dos quatro.)*

JOHN – Diabo!

BOLINGBROK – Goddam!

VIRGÍNIA e CLARISSE – Meu pai! *(Ao mesmo tempo.)*

NARCISO – Para isso é que se perderam de mim? Que pouca vergonha! A conversarem com dois homens...

JOHN – Senhor, isto não teria acontecido se nos tivésseis dado a mão de vossas filhas.

NARCISO – Ah, são os senhores? É o que me faltava: casá-las com ingleses! Antes com o diabo!

JOHN – Senhor!

BOLINGBROK – Senhor!

NARCISO – O que é lá? *(Para as duas:)* Salta! Adiante de mim! Salta!

JOHN – Virgínia, conta comigo. A despeito deste velho insensato, serás minha.

BOLINGBROK – My Clarisse, há de ser mulher a mim, quando mesmo este velho macaco.

NARCISO – Macaco? Inglês de um dardo!

BOLINGBROK – Macaco fica zangado? Mim está contente de chama macaco.

NARCISO, *tomando as moças pelos braços* – Vamos, senão faço algum desatino. *(Sai levando as duas.)*


## CENA VI


BOLINGBROK, *seguindo a Narciso* – Mim está contente chama macaco. *(Gritando:)* Macaco!

JOHN – Deixa-o, Bolingbrok.

BOLINGBROK, *voltando* – Mim está satisfeita. Macaco!

JOHN – Vejamos o modo de ensinarmos a este velho, e vingarmo-nos.

BOLINGBROK – Yes.

JOHN – Não tive tempo de dizer a Virgínia que tínhamos uma falua às ordens. Agora será difícil fazermo-la saber esta circunstância. Maldito Jeremias, que não soube vigiar o velho!

BOLINGBROK – Mim dá uma roda de soco nele quando aparece.

## CENA VII

*Jeremias entrando.*

JEREMIAS – John? John?

JOHN – Nós te estamos muito agradecidos.

BOLINGBROK – Mim quer joga soco.

JEREMIAS – Hem? O que é isso?

JOHN – Deixaste que o velho nos surpreendesse.

BOLINGBROK – Mim quer jogar soco, senhor.

JEREMIAS – Não tive culpa. Estava alerta, com todo o cuidado no velho, quando passou por junto de mim, e sem me ver, uma mulher... E assim que a pilhei a três passos longe de mim, deitei a fugir...

BOLINGBROK, *gritando* – Mim quer joga soco, senhor!

JEREMIAS – Pois tome! *(Dá-lhe um soco.)*

BOLINGBROK – Goddam! *(Atira um soco a Jeremias, que lhe responde.)*

JOHN, *metendo-se de permeio* – Então, o que é isso? Jeremias? Bolingbrok?

BOLINGBROK – Deixa, John!

JEREMIAS – Maluco! I say... drink the rum... Chega, que arrumo-te um tabefe!

JOHN – Não sejam crianças! *(Para Jeremias:)* Não faças caso. *(Para Bolingbrok:)* Aquieta-te...

BOLONGBROK – Mim não quer mais joga soco.

JEREMIAS – Mim também não quer jogo mais... *(Bolingbrok passeia de um lado para outro.)*

JOHN – Teu descuido muito nos prejudicou.

JEREMIAS – Já te disse que estava alerta, mas a mulher...

JOHN – Mas quem é a mulher?

JEREMIAS – A minha! A minha! Pensei ver o diabo, e isto fez-me perder a cabeça... Abandonei o posto, e foste surpreendido.

JOHN – E assim foi nosso plano completamente desarranjado.

JEREMIAS – Por quê?

JOHN – Não tivemos tempo de comunicar às meninas o nosso plano. Agora, ser-nos-á difícil falar-lhes. O velho está desesperado!

JEREMIAS – Lembro-me um expediente...

JOHN – Qual é?

JEREMIAS – Nesta barraca há um francês que, para lograr ao público e ganhar dinheiro, vestir-se-á de mágico a fim de predizer o futuro, fazer adivinhações e sortes, etc. Entra tu lá, dá-lhe dinheiro - esta gente faz tudo por dinheiro -, veste-te com as suas roupas, e assim disfarçado, talvez consigas poder falar com a moça.

JOHN – Excelente amigo! *(Abraça-o)*

JEREMIAS – Que te parece? Não é bem lembrado? Ó diabo! *(Olhando para a esquerda, fundo.)*

JOHN – O que é?

JEREMIAS, *escondendo-se por detrás de John* – Minha mulher que ali vem! Não lhe digas nada, nada... *(Vai levando a John para o lado direito, encobrindo-se com seu corpo.)*

JOHN – Espera, homem; onde me levas?

JEREMIAS, *junto dos bastidores* – Adeus. *(Sai.)*

## CENA VIII

*John, Bolingbrok e depois Henriqueta.*

JOHN – Ah, ah! Que medo tem o Jeremias da mulher! Bolingbrok, vem cá. Estamos salvos!

BOLINGBROK – Salva? *(Aqui aparece no fundo Henriqueta, e encaminha-se para a frente.)*

JOHN – Jeremias ensinou-me o meio de comunicar-nos com nossas amantes.

BOLINGBROK – Agora mim tem pena de ter dado o soco... *(Henriqueta vem-se aproximando.)*

JOHN – O plano não pode falhar. Jermias teve uma lembrança magnífica.

HENRIQUETA, *à parte* – Falam em Jeremias...

BOLINGBROK – Quando encontra ele dá um abraço.

HENRIQUETA – Uma sua criada...

BOLIGBROK – Viva!

JOHN – Minha senhora...

HENRIQUETA – Desculpem-me, meus senhores, se os interrompo, mas como ouvi que falavam no Sr. Jeremias...

JOHN – Conhece-o?

HENRIQUETA – Sim senhor. É meu marido.

JOHN, *à parte* – É ela! *(Alto:)* Muita honra tenho em a conhecer... Seu marido é um belo moço.

HENRIQUETA – É verdade. *(À parte:)* Patife, se o encontro...

BOLINGBROK – Ah, a good boy.

HENRIQUETA – O que diz o senhor?

BOLINGBROK – Eu fala de sua marido... A good boy.

HENRIQUETA, *à parte* – Ora! *(Para John:)* Se quisesse ter a bondade de dizer-me onde o poderei encontrar...

JOHN – Pois não, minha senhora; ainda há pouco aqui esteve e dirigiu-se para este lado. *(Aponta para a esquerda.)*

BOLINGBROK – No, no, John!

JOHN – Sim sim, foi para este lado. *(Para Bolingbrok:)* Take your tongue.

BOLINGBROK – Yes, foi esta lado... *(Henriqueta sai.)*

## CENA IX

JOHN – Agora tratemos de nós; ponhamos em execução o plano de Jeremias. Toma sentido no que se passar, enquanto eu entro na barraca.

BOLINGBROK – Para quê, John?

JOHN – Saberás *(Entra na barraca.)*

## CENA X

BOLINGBROK, *só* – John vai fazer asneira... Mim não sabe o que ele quer... Não importa; rouba my Clarisse e fica contente. Velho macaco está zangado. By God! Inglês faz tudo, pode tudo; está muito satisfeita. *(Esfregando as mãos:)* Inglês não deixa brinca com ele, no! Ah, Clarisse, my dear, mim será tua marida. Yes!

VOZES, *dentro* – Lá vai a máquina, lá vai a máquina!

BOLINGBROK – Máquina? Oh, este é belo, lá vai a máquina!

## CENA XI

*Entra Narciso, Clarisse, Virgínia e povo, olhando para uma máquina que atravessa no fundo do teatro.*

TODOS – Lá vai a máquina, lá vai a máquina!

BOLINGBROK, *correndo para o fundo* – Máquina, máquina! *(A máquina desaparece e todos ficam em cena como olhando para ela.)*

## CENA XII

*Entra pela barraca John, vestido de mágico, trazendo na mão uma buzina. John toca a buzina.*

TODOS – O mágico! O mágico!

JOHN – Aproximai-vos! Aproximai-vos! *(Todos se aproximam.)* O futuro é de Deus! O céu é a página de seu imenso livro, e os astros os caracteres de sua ciência; e quem lê nos astros conhece o futuro... o futuro! Homens e mulheres, moços e velhos, não quereis conhecer o vosso futuro?

TODOS – Eu quero! Eu quero!

JOHN – Silêncio! A inspiração se apodera de mim, a verdade brilha a meus olhos, e o porvir se desdobra diante de mim!

NARCISO, *à parte* – Tenho vontade de o confundir. *(Alto:)* Senhor mágico, desejava saber se pela minha fisionomia podeis saber quem eu sou.

JOHN – Aproxima-te. Este olhar de porco... estas orelhas de burro pertencem a Narciso das Neves.

TODOS – Oh!

NARCISO – Sabe meu nome e sobrenome!

JOHN – Nenhuma qualidade boa descubro em ti; só vícios vejo... És avarento, grosseiro, cabeçudo, egoísta...

TODOS, *riem-se* – Ah, ah, ah!

NARCISO – Basta, basta, diabo!

JOHN, *para Clarisse* – E vós, minha menina, nada quereis saber?

CLARISSE – Eu, senhor?

VIRGÍNIA – Vai, não tenhas medo.

JOHN – Mostrai-me vossa mão. *(Examinando sua mão e falando-lhe mais baixo:)* Esta linha me diz que teu coração não está livre. Aquele que amas não é da tua nação, mas é um homem honrado e leal; dele te podes fiar.

CLARISSE – E vê de tudo isto em minha mão?

JOHN – Céus!

CLARISSE – Senhor!

JOHN – Esta outra linha faz-me conhecer que existe um grande obstáculo à vossa união; é preciso superá-lo, seguir aquele que amas; do contrário, acabarás em um convento.

CLARISSE – Em um convento? Morrer solteira?

JOHN – O destino fala por meus lábios; pensa e decide.

CLARISSE – Meu Deus!

VIRGÍNIA – Clarisse, que tens, que te disse ele?

CLARISSE – A mim? Nada, nada. *(À parte:)* Meu Deus!

JOHN, *para Henriqueta* – E tu, pobre abandonada, queres que te diga o futuro?

HENRIQUETA – Abandonada? A primeira palavra é uma verdade... Dize-me o que devo esperar no mundo.

JOHN – Não querei primeiro que te diga aonde está o infiel?

HENRIQUETA – Oh, dizei-me!

JOHN – Dentro de uma hora o encontrarás aqui.

HENRIQUETA – Aqui?

JOHN – Sim.

HENRIQUETA – Mil graças, senhor mágico. *(À parte:)* Ah, Jeremias da minha alma, se te pilho...

VIRGÍNIA – Agora eu.

JOHN, *tomando pela mão e conduzindo-a à parte* – Sim, agora tu, minha Virgínia, minha Virgínia a quem amo...

VIRGÍNIA – Ah, que ouço?

NARCISO – E lá! Que é lá isso?

JOHN – Silêncio!

NARCISO – Isso é demais, é...

JOHN – Silêncio!

TODOS – Silêncio!

JOHN – Cala-te, velho insensato! Vês aquela estrela? *(Olham todos.)* Preside ao destino desta jovem. Olhai todos se empalidece, olhai! *(Narciso fica olhando para a estrela.)*

JOHN, *à parte* – Minha Virgínia!

VIRGÍNIA – És tu, John?

JOHN – Enquanto estiverem entretidos com o fogo, vem ter comigo, que aqui estarei à tua espera.

VIRGÍNIA – Sim.

NARCISO, *olhando para a estrela* – Qual empalidece! Olá, nada! Isto não está bom... Virgínia salta para cá; parece-me maroteira.

JOHN – Quem mais quer saber do futuro?

VOZES – Eu! Eu! Eu!

JOHN – Aproxime-se cada um por sua vez. *(Aqui ouve-se dentro o estrondo de bomba.)*

VOZES – O fogo principiou! Vamos ver o fogo! *(Saem todos correndo pela direita, em confusão.)*

NARCISO, *levando as filhas pela mão* – Vamos, vamos ver o fogo! *(Saem.)*

## CENA XIII

*John e Bolingbrok.*

JOHN – Bravo, tudo está arranjado!

BOLINGBROK – John, mim não entende nada. Que quer isto dize?

JOHN – Espera um instante, que tudo saberás. *(Entra na barraca.)*

## CENA XIV

BOLINGBROK, *só* – John é diabo. Eu está vendida. John? John? Goddam! Oh, minha coração está muito fraco, muito queimado por minha Clarisse... Eu vai ataca foguetes para ela ver. John? John?

JOHN, *entrando, já sem a roupa de mágico* – Silêncio, Bolingbrok, elas não tardam.

BOLINGBROK – Elas?

JOHN – Sim, nossas amantes; para fugirem conosco.

BOLINGBROK – Oh, Oh! By God! Mim está muito satisfeita.

## CENA XV

*Entram pela direita Virgínia e Clarisse.*

VIRGÍNIA – John!

CLARISSE, *ao mesmo tempo* – Bolingbrok!

JOHN, *indo ao encontro de Virgínia* – Minha Virgínia!

BOLINGBROK, *indo ao encontro de Clarisse* – My Clarisse!

VIRGÍNIA – Lá ficou entretido com o fogo!

JOHN – A falua está perto daqui; vamos...

VIRGÍNIA – A ti me entrego.

BOLINGBROK – My dear, let us go... *(Saem pelo fundo à esquerda.)*

## CENA XVI

*Entra pela esquerda baixa Jeremias.*

JEREMIAS – Já não estou muito bem aqui; temo encontrar a fúria de minha mulher por toda parte. Quero ver se me safo com John para a cidade. John? John?

HENRIQUETA, *entra pela direita alta* – Aqui o devo encontrar, que me disse o mágico...

JEREMIAS, *sem ver Henriqueta* – Onde estará o maldito?

HENRIQUETA, *vendo-o* – Ei-lo! Oh, patife! *(Vem-se aproximando de Jeremias sem ser vista.)*

JEREMIAS – Se encontra-me, leva-me o diabo; que ela anda em minha procura, não há dúvida. Ah, centopeia do diabo! *(Aqui atacam bombas dentro e o teatro fica iluminado pelo clarão do fogo. Henriqueta, que nesse tempo está junto de Jeremias, dá-lhe uma bofetada que o atira no chão.)* Oh, que bomba!

HENRIQUETA – É uma girândola, patife! *(Jeremias levanta-se apressado e deita a correr para o fundo, e Henriqueta o segue. Henriqueta, correndo:)* Espera, patife, espera! *(Saem correndo e desce o pano.)*

Fim do primeiro ato.

## ATO SEGUNDO

*A cena passa-se na Bahia. O teatro representa uma sala; portas laterais, e no fundo duas janelas; mesa e cadeiras.*

## CENA I

*Virgínia e Clarisse.*

VIRGÍNIA, *entrando pela direita* – Isto é um horror!

CLARISSE, *acompanhando-a* – É uma infâmia!

VIRGÍNIA – Tratar-nos assim, a nós suas legítimas mulheres? E então, Clarisse?

CLARISSE – E tu, que me dizes, Virgínia?

VIRGÍNIA – Quem podia prever tudo isto?

CLARISSE – Pareciam tão submissos e respeitosos, lá no Rio de Janeiro! Que mudança!

VIRGÍNIA – E casai-vos por inclinação...

CLARISSE – Este é o nosso castigo, minha cara irmã. Fugimos de casa de nosso pai... Por mais que me queira persuadir, foi um mau passo que demos.

VIRGÍNIA – Quem poderia prever que eles fossem ingratos? Pareciam-nos tão sinceros e mantes...

CLARISSE – É verdade. E, no entanto, há apenas dois meses que estamos casadas, e já experimentamos todas as contrariedades que o estado traz consigo.

VIRGÍNIA – As contrariedades do estado nada seriam; com elas contava eu, razoavelmente falando. Porém o que mais me desespera é ter de aturar as manias inglesas de nossos caros maridos... Ontem, o meu quis que eu comesse, por força, rosbife quase cru.

CLARISSE – E o meu, que eu engolisse metade de um plum-pudding horroroso.

VIRGÍNIA – Ateimou comigo boa meia hora para que eu bebesse um copo de cerveja. Prrr... que bebida diabólica!

CLARISSE – E eu vi-me obrigada a beber um copo de ponche deste tamanho, que me deixou a cabeça por esses ares!

VIRGÍNIA – O que mais me mortifica é que o Sr. Jeremias esteja presenciando tudo isto e que o vá contar quando voltar para o Rio.

CLARISSE – E que remédio? Vamos preparar o chá, que nossos senhores não tardam.

VIRGÍNIA – Eu não! Preparem eles. Não sou sua escrava; não faço mais nada, não quero! *(Batendo o pé.)*

## CENA II

*Jeremias e as ditas.*

JEREMIAS, *entrando pela direita e falando para dentro* – Já volto, já volto, abram o champanha! *(Para a cena:)* Os diabos destes ingleses bebem como uma esponja! *(Vendo as duas:)* Oh, por que deixastes a mesa na melhor ocasião, quando se iria abrir o champanha?

CLARISSE – Não gosto de champanha.

VIRGÍNIA – Nem de vinho nenhum.

JEREMIAS – Não gostam de champanha, desse vinho divino e sem igual? Oh, minhas amabilíssimas, isso é falta de gosto! Pif! Paf! Poum! Psss!...

VIRGÍNIA – E o Sr. Jeremias para que não ficou lá, bebendo?

JEREMIAS – Porque tinha que lhes falar.

BOLINGBROK, *dentro* – Jeremias?

CLARISSE – Olha, que o chama.

JEREMIAS, *respondendo a Bolingbrok* – Lá vou, e bebam enquanto eu não chegar. *(Para as duas:)* Assim esperarão com paciência.

VIRGÍNIA – Mas o que nos quer dizer?

JEREMIAS – Esta noite temos a primeira representação da Sonâmbula, pela Companhia Italiana. Dizem que a Mugnai e a Bocomini rivalizarão; e depois da pateada de outro dia, é natural que haja coisas boas.

CLARISSE – Oh, se pudéssemos ir...

VIRGÍNIA – Seria bem bom, mas decerto que não o conseguiremos.

JEREMIAS – E por que não?

VIRGÍNIA – Os nossos tiranos não o consentirão.

JEREMIAS – Oh, isso veremos! Dão-me o seu consentimento para que ataque a praça?

CLARISSE – Não, não! Deixe o caso por nossa conta. Fazendo-se lhes o pedido assim de surpresa, são capazes de negar... Estou certa de que negarão. Melhor é resolvê-los pouco a pouco.

VIRGÍNIA – Clarisse tem razão. Com carinhos, obediência e meiguice talvez possamos arranjar alguma coisa.

JEREMIAS – Tempo perdido... Pérolas a porcos! Meiguices não são para ingleses; é bom cá para nós.

VIRGÍNIA – Deixe o caso por nossa conta.

BOLINGBROK, *dentro* – Jeremias?

JEREMIAS – Lá vou, inglês do diabo!

CLARISSE – Vá, vá e tenha cuidado que eles não bebam muito.

VIRGÍNIA – Senão, não nos ouvem, pegam a dormir, e adeus Sonâmbula.

BOLIGBROK, *dentro* – Jeremias?

JEREMIAS – Adeus, adeus! *(Vai saindo, cantando:)* God save the King!... *(Sai.)*

## CENA III

VIRGÍNIA – Mana Clarisse, é preciso fazer-nos amáveis.

CLARISSE – Amabilíssimas!

VIRGÍNIA – Preparemos primeiro o chá.

CLARISSE – Dizes bem. *(De uma mesa que está no fundo, trazem para a que está no meio da sala todos os preparos do chá.)*

VIRGÍNIA, *enquanto preparam o chá* – Que remédio temos nós? Querem assim iludidos... *(Chamando:)* Tomás? Tomás?

CLARISSE – Tanto pior para eles... Que culpa temos nós? *(Aqui entra um criado inglês.)*

VIRGÍNIA – Traze água quente para o chá. *(O criado sai.)*

CLARISSE – As xícaras estão prontas.

VIRGÍNIA – Jesus! Ia-me esquecendo a aguardente, ou rum, como eles chamam. *(Vai buscar sobre a mesa do fundo um frasco com rum.)*

CLARISSE – E esse esquecimento deitaria tudo a perder... *(Entra o criado com uma chaleira com água quente.)* Dá cá. *(Deita água no bule.)* Leva. *(O criado sai com a chaleira.)*

VIRGÍNIA – Agora creio que nada falta.

CLARISSE – Vamo-nos vestir, e penteramo-nos.

VIRGÍNIA – Sim, sim! Façamo-nos bonitas, para melhor seduzir. Eles aí vem. *(Saem ambas, apressadas.)*

## CENA IV

*Jeremias e depois John e Bolingbrok.*

JEREMIAS, *entrando* – Já não posso beber. Safa, diabo! Se me demoro mais tempo à mesa, acabo por uma combustão espontânea... Irra, que funis são os meus dois ínglis!

JOHN, *entrando* – Assim abandonas o campo?

BOLINGBROK, *entrando* – Jeremias está fraco, tem cabeça mole; não pode!

JEREMIAS – Sim, se eu estivesse como os senhores, acostumados desde criança a beberem cerveja...

BOLINGBROK – Porter.

JEREMIAS – Yes, porter.

JOHN – Vamos ao chá. *(Assentam-se à mesa.)*

BOLINGBROK – Jeremias tem medo da vinho; gosta de água... É uma pata.

JEREMIAS – Pata será ele.

BOLINGBROK – Pata! Ah, ah! *(Rindo:)* Pata, yes!

JEREMIAS – Tu nunca hás de tomar língua.

JOHN – Queres chá?

JEREMIAS – Dá-me. *(Servem-se de chá e continuam a falar, bebendo-o.)*

JOHN – Não tens recebido cartas do Rio?

JEREMIAS – Não, e nem se me dá.

JOHN – Chama-se a isso descuido e indiferença.

BOLINGBROK – Descuida, yes.

JEREMIAS – Que queres? Sou assim. Também por descuido foi que me casei.

JOHN – Vê lá, Bolingbrok, como são os brasileiros, quando tratam de seus interesses pecuniários. Jeremias vendeu tudo quanto possuía: uma fazenda de açúcar que lhe deixou o pai...

JEREMIAS – Não rendia nada; tudo era pouco para os negros comerem, e morrerem muitos.

BOLINGBROK – Porque não sabe trabalha.

JOHN – Vendeu duas belas propriedades de casa...

JEREMIAS – Das quais estava sempre mandando consertar os telhados, por pedido dos inquilinos. Só nisso iam-se os aluguéis.

JOHN – E sabes tu, Bolingbrok, o que fez ele de todo esse capital?

BOLINGBROK – Dize.

JOHN – Gastou metade em bailes, passeios, carruagens, cavalos...

BOLINGBROK – Oh!

JOHN – E a outra metade emprestou a juros.

BOLINGBROK – Este está bom; boa firma, jura doze per cento...

JEREMIAS – Qual doze, homem!

BOLINGBROK – Quante?

JEREMIAS – A oito por cento ao ano.

BOLINGBROK – Oh, Jeremias está doido! A oito per cento? Oh!

JOHN – Assim é que se estraga uma fortuna.

BOLINGBROK – Brasileiros sabe mais gasta do que ganha.

JEREMIAS – Ora, adeus! A vida é curta e é preciso gozá-la.

JOHN – E depois dessa criançada, veio cá para a Bahia e deixou a mulher no Rio de Janeiro.

JEREMIAS, *para Bolingbrok* – Isto também é loucura?

BOLINGBROK – Conforme... Quando mulher é má, deixa ela; quando é boa, pega nela.

JEREMIAS – Pega nela, yes! Mas como a minha era o diabo com saia, eu deixa ela.

BOLINGBROK – Yes!

JEREMIAS – Oh, John, oh, Bolingbrok, se eu tivesse uma mulher como as vossas, então... Que anjos, que docilidade! Eu, se fosse qualquer de vocês, não lhes negava a mais pequena coisa. *(À parte:)* É preciso prepará-los. *(Alto:)* Oh, eu os julgo incapazes de as tratar mal! Nem me passa isso pela cabeça.

BOLINGBROK – Mim não nega coisa razoável. *(Levanta-se.)*

JOHN – Nem eu. *(Levanta-se.)*

JEREMIAS, *levantando-se e à parte* – Não gostaram do conselho... *(Alto:)* Enfim, cada um faz o que entende.

BOLINGBROK – Yes.

JEREMIAS – Adeus, John, tenho muito que passear, e é tarde. Farewel, my dear Bolingbrok. How do you do? Give me some bread. I thank you. Hem? Tem que dizer a esta bela pronúncia? Até logo. *(À parte:)* É preciso deixá-los com as mulheres... *(Alto:)* Adeus! Sejam amáveis. *(Sai cantando.)*

## CENA V

*Bolingbrok e John*

---

BOLINGBROK, *passeando* – Mim está desconfiado...

JOHN – Dar-se-á, acaso, que nossas mulheres se tenham queixado a Jeremias?

BOLINGBROK – Mim pensa... Clarisse quer passeia, quer dança, quer theater, e mim não pode, mim não quer...

JOHN – E fazes bem. De que servem tantas folias, senão para perdição das mulheres?

BOLINGBROK – John, eu não quer perde Clarisse, mas eu está muito aflita... Clarisse está zangado comiga.

JOHN – Não te dês disso; os arrufos fazem agradável a reconciliação.

BOLINGBROK – Oh, mais palavra de amor é tão doce, e palavra de briga é tão, tão repiada...

JOHN – Bolingbrok, meu caro sócio, desconfia sempre de três qualidades de mulher: primeiro, das que só palavras: meu amorzinho, meu bem, meu ladrãozinho, e vos acarinham as faces com a mão; segundo, das que te rodeiam de atenções e cuidados quando te estás vestindo para saíres; e terceiro, das que te fazem presentinhos de suspensórios bordados, bolsa para relógio, paninhos para barba, etc. É que te querem assim causar agradáveis surpresas. Desconfia dessas, sobretudo. De surpresa em surpresa atiram com o homem ao inferno...

## CENA VI

*Virgínia, Clarisse e os mesmos.*

---

VIRGÍNIA, *à porta e à parte para Clarisse* – Ei-los! Experimentemos. *(Encaminham-se para os dois sem vistas.)*

BOLINGBROK – Oh, oh, John, eu me lembrarei, John... Minha amorzinho, minha ladrãozinho, não quer... Ni presentes, ni carinhas... Oh, non!

VIRGÍNIA, *tomando John pelo braço* – Meu bom maridinho!

JOHN – Ah, sois vós, Virgínia?

CLARISSE, *tomando Bolingbrok pelo braço* – Meu amorzinho!

BOLINGBROK – Clarisse! *(À parte:)* Disse: minha amorzinho...

VIRGÍNIA, *para John* – O chá estava bom?

JOHN – Não achei mau.

CLARISSE, *para Bolingbrok* – Gostaste do chá, meu ladrãozinho?

BOLINGBROK, *à parte* – Oh, minha ladrãozinho!...

VIRGÍNIA, *para John* – Não vais hoje passear?

JOHN – Oh, tanto cuidado!

CLARISSE – Não passeias? *(Passando-lhe a mão pela barba.)*

BOLINGBROK – Oh!

VIRGÍNIA – Que tens John? Acho-te assim, não sei como...

JOHN – Nada, nada, absolutamente!

CLARISSE, *para Bolingbrok* – Por que te espantas?

BOLINGBROK, *à parte* – Oh, só falta suspensórias bordada!

VIRGÍNIA – John, tinha um favor que pedir-te...

JOHN – Dize.

CLARISSE – Eu também a ti...

BOLIGBROK – Fala.

VIRGÍNIA – Se fosses tão bom...

CLARISSE – Tão amável...

VIRGÍNIA – Que prometêsseis que hoje...

JOHN – O quê?

VIRGÍNIA – Oh, mas tu não terás a crueldade de me dizeres que não...

CLARISSE – Nem tu, minha vida, terás a barbaridade de recusares um meu pedido...

JOHN – Vamos, dizei.

BOLINGBROK – Eu está esperando.

CLARISSE – Queríamos hoje ir... Dize, Virgínia.

VIRGÍNIA – Ir ao teatro. Sim?

JOHN – Não pode ser. *(Apartando-se dela.)*

BOLINGBROK – Non, non pode! *(Apartando-se dela.)*

VIRGÍNIA – Ah, então não consente?

JOHN – Não é possível.

CLARISSE – Recusa?

BOLINGBROK – No, non recusa... Permite a vós a permissão de não ir ao teatro...

VIRGÍNIA – Assim morreremos neste insuportável cativeiro!

JOHN – Virgínia!

CLARISSE – Isto é indigno! *(Chora.)*

BOLINGBROK – Clarisse!

VIRGÍNIA – Meu Deus, meu Deus, como sou desgraçada! *(Chora.)*

JOHN – Tenha juízo, senhora!

CLARISSE – Infeliz de mim! *(Chora.)*

BOLINGBROK – My Clarisse é criança?

VIRGÍNIA, *resoluta* – Oh, mas isto não pode ser assim; há de mudar ou senão...

CLARISSE, *resoluta* – Sim, é preciso que isto mude, ou eu...

JOHN – Ameaçais?

BOLINGBROK – Essa tom?

CLARISSE – É o tom que nos convém.

VIRGÍNIA – E o que havemos de tomar de aqui em diante.

JOHN – E pretendes assim obrigar-me a que te leve ao teatro?

BOLINGBROK – Pensas que assim obriga a mim, senhora?

VIRGÍNIA – Então não sairemos mais de casa?

JOHN – Não!

BOLINGBROK – No!

CLARISSE – Que inferno!

VIRGÍNIA – Muito bem! E durante o tempo que ficamos em casa hão de os senhores andar por esses hotéis, bailes, public-houses e teatros, divertindo-se e bebendo grogue...

JOHN – Virgínia!

CLARISSE – E a fumarem por essas ruas.

BOLINGBROK – Eu fuma aqui mesmo, senhora; sou capaz de fuma aqui mesmo.

VIRGÍNIA – Então não sairemos?

CLARISSE, *raivosa, ao mesmo tempo* – Não sairemos?

JOHN – Não! *(Chamando:)* Tomás?

BOLINGBROK, *ao mesmo tempo* – No! *(Chamando:)* Tomás? *(Entra o criado.)*

JOHN – Meu chapéu.

BOLINGBROK, *ao mesmo tempo* – Minha chapéu.

VIRGÍNIA e CLARISSE – Meu Deus! *(Caem desmaiadas nas cadeiras.)*

BOLINGBROK, *querendo ir socorrer Clarisse* – My Clarisse!

JOHN, *retendo-o* – O que fazes? Elas tornarão a si. *(Entra o criado com os chapéus.)*

BOLINGBROK – Pode morre, John.

JOHN – Não morrem. *(Para o criado:)* Dá cá o chapéu... Toma o teu, e vamos para os hotéis, como estas senhoras disseram. *(To-*

mando-o pelo braço e obrigando-o a segui-lo:) Vamos. *(Vão sair pela esquerda; logo que chegam junto à porta, Virgínia e Clarisse levantam das cadeiras.)*

VIRGÍNIA, *levantando-se* – Bárbaros!

CLARISSE, *levantando-se, ao mesmo tempo* – Desumanos!

BOLINGBROK, *da porta* – Oh, está viva!

JOHN – Não te disse? *(Os dois riem-se às gargalhadas e saem.)*

## CENA VII

VIRGÍNIA, *chegando-se à porta por onde eles saíram* – Malcriados!

CLARISSE, *ao mesmo tempo* – Grosseirões!

VIRGÍNIA – E então?

CLARISSE – E então?

VIRGÍNIA – Pois como não quer que eu saia a passeio, vou pregar-me à janela e namorar a torto e a direito... Hei de mostrar! *(Vai para a janela.)*

CLARISSE – Mas cuidado que ele não te veja. O melhor é termos paciência.

VIRGÍNIA – Tem tu, que eu não.

CLARISSE, *sentando-se* – Faze o que quiseres. Enfim, assim o quisemos, assim o tenhamos... A nossa fugida havia dar em alguma... Ai, ai, quem o adivinhasse!

VIRGÍNIA – Clarisse, Clarisse, vem cá! Vem cá depressa!

CLARISSE – O que é?

VIRGÍNIA – Corre! *(Clarisse vai para junto de Virgínia.)* Quem é aquela que ali vai?

CLARISSE – Aquela?

VIRGÍNIA – Sim... Talvez me engane... É quase noite, e não posso certificar-me.

CLARISSE – Parece-me, pelo corpo e andar, a Henriqueta.

VIRGÍNIA – É isso mesmo que eu pensava.

CLARISSE – É ela, é!

VIRGÍNIA, *chamando* – Psiu! Psiu! Henriqueta!

CLARISSE – Não grites tanto!

VIRGÍNIA – Somos nós! Ela ouviu-nos; aí vem. Sim, sim, entra, entra, sou eu e minha irmã. *(Saindo ambas da janela.)*

CLARISSE – Henriqueta cá pela Bahia? O que será?

VIRGÍNIA – Não adivinhas? Vem atrás do marido.

CLARISSE – Que casal também esse...

## CENA VIII

*Henriqueta e as ditas.*

VIRGÍNIA – Henriqueta! *(Abraçando-a.)*

HENRIQUETA – Minhas caras amigas!

CLARISSE – Tu por cá, Henriqueta?

HENRIQUETA – Cheguei esta manhã mesmo no vapor, e muito estimo ter-vos encontrado. Ajudar-me-eis no empenho que me trouxe à Bahia?

VIRGÍNIA – Qual é ele?

CLARISSE – Conta conosco.

HENRIQUETA – Venho em procura de meu marido, que há mês e meio abandonou-me.

CLARISSE – Abandonou-te?

HENRIQUETA – Sim, sim, e partiu para a Bahia. Um mês depois é que soube que ele aqui estava, e pus-me logo a caminho.

VIRGÍNIA – Pobre Henriqueta!

CLARISSE – Em que lida vives por um ingrato?

HENRIQUETA – Vocês o não tem visto?

VIRGÍNIA – Se temos...

CLARISSE – E há bem pouco tempo.

HENRIQUETA – Onde?

VIRGÍNIA – Aqui.

HENRIQUETA – Aqui mesmo?

CLARISSE – Sim.

HENRIQUETA – E voltará?

VIRGÍNIA – Não tarda.

HENRIQUETA – Oh, Sr. Jeremias, agora veremos! O senhor não contava com a minha resolução. Assim abandonar-me...

VIRGÍNIA – E o teu marido é como todos – falso, ingrato e traidor. *(Aqui entra o criado com velas e as põe sobre a mesa.)*

CLARISSE – Ele dizia sempre que recebia cartas tuas, e dava-nos lembranças.

HENRIQUETA – Pérfido mentiroso! Oh, mas hei de segui-lo ainda que seja até o inferno!

VIRGÍNIA – Vê tu, Henriqueta, como são as coisas... Tu corres atrás de teu marido, e nós quiséramos estar bem longe dos nossos.

HENRIQUETA – Como assim?

CLARISSE – Henriqueta, somos muito desgraçadas, muito...

HENRIQUETA – Vocês, desgraçadas?

VIRGÍNIA, *chorando* – Sim, e muito.

HENRIQUETA – Oh, e por quê?

CLARISSE – Nossos maridos tratam-nos como fôssemos suas escravas. *(Chora.)*

HENRIQUETA – É possível...

VIRGÍNIA – Nós é que pagamos as cabeleiras que tomam. Não

temos vontade nem deliberação em coisa alguma. Governam-nos britanicamente.

HENRIQUETA – E o que fazem vocês?

VIRGÍNIA – O que havemos fazer, senão sujeitarmo-nos?

HENRIQUETA – Nada, isso lhes dá razão!

CLARISSE – Ah, minha cara amiga, se estivesses em nosso lugar...

VIRGÍNIA – Escuta, Virgínia, e tu, Clarisse, uma coisa que eu não dissera, se não ouvisse a confidência que acabas de fazer-me. Mas sou vossa amiga e compadeço-me do estado e engano em que viveis...

VIRGÍNIA – Engano em que vivemos?

CLARISSE – Explica-te...

HENRIQUETA – Sabes tu o que se diz no Rio de Janeiro?

VIRGÍNIA – Tu me assustas!

CLARISSE – Acaba.

HENRIQUETA – Que vocês não estão casadas legitimamente.

AMBAS – Não estamos casadas?

HENRIQUETA – Não.

VIRGÍNIA – Tu gracejas.

HENRIQUETA – Ora dizei-me, em que religião fostes criadas?

VIRGÍNIA – Na religião de nossos pais.

CLARISSE – Católica, Apostólica, Romana.

HENRIQUETA – E teus maridos?

VIRGÍNIA – São protestantes.

HENRIQUETA – E aonde vos casastes?

CLARISSE – No templo inglês do Rio de Janeiro, na Rua dos Barbonos.

HENRIQUETA – E não fostes também receber a benção católica do vigário da vossa freguesia?

VIRGÍNIA – Não.

HENRIQUETA – Minhas amigas, sinto muito repetir; não estais legitimamente casadas.

VIRGÍNIA – Mas por quê?

CLARISSE – Não compreendo.

HENRIQUETA – As cerimônias nupciais protestantes só ligam os protestantes; e as católicas, os católicos.

VIRGÍNIA – Assim...

HENRIQUETA – Assim, só eles é que estão casados; vocês, não.

CLARISSE – Meu Deus!

VIRGÍNIA, *ao mesmo tempo* – Oh, é isto possível?

HENRIQUETA – E vivam na certeza de que vocês não são mais que amantes de vossos maridos, isto é, casadas solteiras.

VIRGÍNIA – Que infâmia!

CLARISSE, *ao mesmo tempo* – Que traição!

HENRIQUETA – E agora que de tudo sabem, querem ainda viver com eles, e dar-lhes obediência?

VIRGÍNIA – Nem mais um instante! Fujamos! Casadas solteiras!...

CLARISSE – Fujamos! Que vergonha! Duas amantes!... Que posição a nossa!

HENRIQUETA – Esperem, esperem, isto não vai assim. É preciso sangue frio. O vapor larga esta madrugada para o Rio de Janeiro, iremos nele.

VIRGÍNIA – Minha amiga, tu nos acompanharás?

HENRIQUETA – Com uma condição...

CLARISSE – Qual é?

HENRIQUETA – Que vocês resolverão a Jeremias a acompanhar-me, se eu o não puder conseguir.

AMBAS – Conta conosco.

HENRIQUETA – Muito bem. Agora vão arranjar a roupa necessária. *(Ouve-se dentro Jeremias cantar.)* E depressa, que eu ouço a voz do meu tratante...

VIRGÍNIA – Em um momento estamos prontas. *(Saem as duas.)*

## CENA IX

*Henriqueta e depois Jeremias.*

HENRIQUETA, *só* – Vens muito alegre... Mal sabes tu o que te espera. Canta, canta, que logo chiarás! *(Apaga a vela.)* Ah, meu tratante!

JEREMIAS, *entrando* – Que diabo! É noite fechada e ainda não acenderam as velas! *(Chamando:)* Tomás, Tomás, traze luz! Não há nada como estar o homem solteiro, ou, se é casado, viver bem longe da mulher. *(Enquanto fala, Henriqueta vem-se aproximando dele pouco a pouco.)* Vivo como um lindo amor! Ora, já não posso aturar a minha cara-metade... O que me vale é estar ela há mais de duzentas léguas de mim. *(Henriqueta, que a este tempo está junto dele, agarra-lhe pela gola da casaca, Jeremias assustando-se:)* Quem é? *(Henriqueta dá-lhe uma bofetada e o deixa. Jeremias, gritando:)* Ai, tragam luzes! São Ladrões! *(Aqui entra o criado com luzes.)*

HENRIQUETA – É outra girândola, patife!

JEREMIAS – Minha mulher!

HENRIQUETA – Pensavas que te não havia de encontrar?

JEREMIAS – Mulher do diabo!

HENRIQUETA – Agora não te perderei de vista um só instante.

JEREMIAS, *para o criado* – Vai-te embora. *(O criado sai.)*

HENRIQUETA – Ah, não queres testemunhas?

JEREMIAS – Não, porque quero te matar!

HENRIQUETA – Ah, ah, ah! Disso me rio eu.

JEREMIAS, *furioso* – Ah, tens vontade de rir? Melhor; a morte será alegre. *(Tomando-a pelo braço.)* Tu és uma peste, e a peste se cura; és um demônio, e os demônios se exorcizam; és uma víbora, e as víboras se matam!

HENRIQUETA – E aos desavergonhados se ensinam! *(Levanta a mão para dar-lhe uma bofetada, e ele, deixando-a, recua.)* Ah, foges?

JEREMIAS – Fujo sim, porque da peste, dos demônios, e das víboras se foge... Não quero mais te ver! *(Fecha os olhos.)*

HENRIQUETA – Hás de ver-me e ouvir-me!

JEREMIAS – Não quero mais te ouvir! *(Tapa os ouvidos com a mão.)*

HENRIQUETA, tomando-o pelo braço – Pois há de me sentir.

JEREMIAS, *saltando* – Arreda!

HENRIQUETA – Agora não me arredarei mais do pé de ti, até o dia do Juízo...

JEREMIAS – Pois agora também faço eu protesto solene a todas as nações, declaração formalíssima à face do universo inteiro, que hei de fugir de ti como o diabo foge da cruz; que hei de evitar-te como o devedor ao credor; que hei de odiar-te como as oposições odeiam as maiorias.

HENRIQUETA – E eu declaro que te hei de seguir como a sombra segue o corpo...

JEREMIAS, *exclamando* – Meu Deus, quem me livrará deste diabo encarnado?

CRIADO, *entrando* – Uma carta da Corte para o Sr. Jeremias.

JEREMIAS – Dá cá. *(O criado entrega e sai. Jeremias para Henriqueta:)* Não ter eu a fortuna, peste, que esta carta fosse a de convite para teu enterro...

HENRIQUETA – Não terá esse gostinho. Pode ler, não faça cerimônia.

JEREMIAS – Não preciso da sua permissão. *(Abre a carta e a lê em silêncio.)* Estou perdido! *(Deixa cair a carta no chão.)* Desgraçado de mim! *(Vai cair sentado na cadeira.)*

HENRIQUETA – O que é?

JEREMIAS – Que infelicidade, ai!

HENRIQUETA – Jeremias!

JEREMIAS – Arruinado! Perdido!

HENRIQUETA, *corre e apanha a carta e a lê* – "Sr. Jeremias, muito sinto dar-lhe tão desagradável notícia. O negociante a quem o senhor emprestou o resto de sua fortuna acaba de falir. Os credores não puderam haver nem dois por cento do rateio. Tenha resignação..." – Que desgraça! Pobre Jeremias! *(Chegando-se para ele:)* Tende coragem.

JEREMIAS, *chorando* – Ter coragem! É bem fácil de dizer-se... Pobre miserável... Ah! *(Levantando-se:)* Henriqueta, tu que sempre me amaste, não me abandones agora... Mas não, tu me abandonarás; eu estou pobre...

HENRIQUETA – Injusto que tu és. Acaso amava eu o teu dinheiro, ou a ti?

JEREMIAS – Minha boa Henriqueta, minha querida mulher, agora que tudo perdi, só tu és o meu tesouro; só tu serás a consolação do pobre Jeremias.

HENRIQUETA – Abençoada seja a desgraça que me faz recobrar o teu amor! Trabalharemos para viver, e a vida junto de ti será para mim um paraíso...

JEREMIAS – Oh, nunca mais te deixarei! Partamos para o Rio de Janeiro, partamos, que talvez ainda seja tempo de remediar o mal.

HENRIQUETA - Partamos hoje mesmo.

JEREMIAS – Sim, sim, hoje mesmo, agora mesmo...

HENRIQUETA – Espera.

JEREMIAS – O quê?

HENRIQUETA – Virgínia e Clarisse irão conosco.

JEREMIAS – Virgínia e Clarisse? E seus maridos?

HENRIQUETA – Ficam.

JEREMIAS – E elas?

HENRIQUETA – Fogem.

JEREMIAS – Acaso tiraram eles a sorte grande?

HENRIQUETA – Lisonjeiro!

JEREMIAS – Venha quem quiser comigo, fuja quem quiser, que eu o que quero é ver-me no Rio de Janeiro.

HENRIQUETA – Vem cá. *(Saindo.)* Feliz de mim! *(Saem pela direita.)*

## CENA X

*Entram pela esquerda John e Bolingbrok.*

BOLINGBROK, *entrando* – Very good porter, John.

JOHN – Sim. É um pouco forte.

BOLINGBROK – Oh, forte não! Eu ainda pode bebe mais. *(Senta-se e chama:)* Tomás? Tomás? *(O criado entra.)* Traz uma ponche. *(O criado sai.)*

JOHN – Pois ainda queres beber? *(Sentando-se.)*

BOLINGBROK – John, bebe também comigo; eu quero bebe à saúde de minha Clarisse, e tu, de Virgínia. *(Gritando:)* Tomás? Tomás? *(O criado entra com uma salva com dois copos de ponche.)* Bota aqui! *(O criado deixa a bandeja sobre a mesa e sai.)*

JOHN, *bebendo* – À tua saúde, Bolingbrok.

BOLINGBROK, *bebendo* – Yes, minha saúde... Também saúde tua. Oh, este ponche está belo. John, à saúde de Clarisse!

JOHN – Vá, à saúde de Clarisse e de Virgínia. *(Bebem.)*

BOLINGBROK – Oh, este garrafa... É rum de Jamaica. Toma, John. *(Deita rum nos copos.)*

JOHN – À autoridade marital!

BOLINGBROK – Yes, autoridade maritale! *(Bebem.)*

JOHN – De duas coisas uma, Bolingbrok: ou é a mulher, ou o marido que governam.

BOLINGBROK – Yes, quando mulher governa, tudo leva diabo!

JOHN – Bravo! Tens razão e compreendes... À nossa saúde! *(Bebem.)*

BOLINGBROK – Marido governa mulher, ou, - goddam! - mata ela. *(Dá um soco na mesa.)*

JOHN, *falando com dificuldade* – Obediência mata... salva tudo... Bolingbrok, à saúde da obediência!

BOLINGBROK – Yes! *(Falando com dificuldade:)* Eu quer obediência. *(Bebem.)*

JOHN – Virgínia é minha mulher... Há de fazer o que quero.

BOLINGBROK – Brasil é bom para ganhar dinheiro e ter mulher... Os lucros... cento por cento... É belo! John, eu quero dorme, mim tem a cabeça pesada... *(Vai adormecendo.)*

JOHN – Eu tenho sede. *(Bebe.)* Bolingbrok dorme. Ah, ah, ah! *(Rindo-se.)* Está bom, está bêbado! Ah, ah! Cabeça fraca... Não vai a teatro... Virgínia... *(Adormece.)*

## CENA XI

*Entram Virgínia, Clarisse, Henriqueta e Jeremias como quem vão de viagem, trazendo trouxas, caixa de chapéu, etc.*

VIRGÍNIA, *entrando* – Silêncio, que eles dormem. *(Adiantam-se para a cena, pé ante pé, passando entre os dois e o pano de fundo.)*

CLARISSE, *parando detrás dos dois* – Se eles se arrependessem...

HENRIQUETA – Nada de fraqueza, vamos!

VIRGÍNIA – Talvez ainda fôssemos felizes...

JEREMIAS – Nada de demora, ou vou só...

VIRGÍNIA – Clarisse, fiquemos!

JOHN, *sonhando* – Virgínia é minha escrava.

VIRGÍNIA – Sua escrava?...

BOLINGBROK, *sonhando e batendo com o punho na mesa* – Eu mata Clarisse...

CLARISSE – Matar-me?...

VIRGÍNIA e CLARISSE – Vamos! *(Vão atravessando para a porta da esquerda.)*

HENRIQUETA – Adeus, gódames!

JEREMIAS, *da porta* – Good night, my dear! *(Saem todos. Bolingbrok e John, com o grito de Jeremias, como que acordam; esfregam os olhos.)*

BOLINGBROK, *dormindo* – Good night!

JOHN, *dormindo* – Yes! *(Tornam a cair em sono profundo e desce o pano.)*

Fim do segundo ato.

## ATO TERCEIRO

*Sala: portas laterais e no fundo; no meio, uma mesa. No segundo plano, à direita, um guarda-pratos, e à esquerda, duas meias pipas serradas pelo meio; cadeiras.*

### CENA I

*Virgínia e Clarisse, sentadas junto à mesa, cosendo. Narciso, tendo um papel na mão.*

NARCISO, *entrando* – Está pronto. Muito bem! Meninas, é preciso que assinem este papel.

VIRGÍNIA – E que papel é este?

NARCISO, *apresentando-lhe o papel e uma pena* – A procuração para anular vossos casamentos.

VIRGÍNIA – Ah, dê-me! *(Toma o papel e assina.)* Agora tu, Clarisse.

CLARISSE, *toma o papel e assina* – Está assinado.

NARCISO – Muito bem, muito bem, minhas filhas! Tudo está em regra. Não descansarei enquanto não vir anulados estes malditos casamentos. Casamentos! Patifes, hei de ensiná-los. Já estive esta manhã com o meu letrado, que me dá muito boas esperanças. Minhas filhas, espero em Deus e na Justiça, que amanhã estejais livres.

CLARISSE – Livres?

NARCISO – Sim, sim, e podereis casar-vos de novo com quem quiserdes.

VIRGÍNIA – Casarmo-nos de novo?

NARCISO – E por que não? Filhas, uma coisa vos quero eu pedir...

CLARISSE – O quê, meu pai?

NARCISO – Fugistes de minha casa; dois meses depois voltastes, e um só queixume ainda não ouvistes de vosso pai, que vos recebeu com os braços abertos.

VIRGÍNIA – Meu pai... *(Levantando-se.)*

CLARISSE, *levantando-se* – Ordenai.

NARCISO – Amanhã estareis livres, e espero que aceiteis os noivos que eu vos destino.

CLARISSE – Noivos?

VIRGÍNIA – E quem são eles?

NARCISO – Para ti será o amigo Serapião.

VIRGÍNIA – Serapião?

NARCISO, *para Clarisse* – E para ti, o vizinho Pantaleão.

CLARISSE – Pantaleão?

NARCISO – São duas dignas pessoas. Enfim, trataremos disso; talvez hoje vo-los apresente. Adeus, adeus, que é tarde. Vou daqui ao teatro. Já vos disse que hoje não janto em casa; por conseguinte, quando forem horas, não me esperem. Manda tirar estas vasilhas aqui da sala. *(Sai.)*

## CENA II

*As ditas e depois Henriqueta*

VIRGÍNIA – Que me dizes a esta, mana? Eu, casada com um Serapião!

CLARISSE – E eu, com um Pantaleão!

VIRGÍNIA – Isto não pode ser...

CLARISSE – Que dúvida!

VIRGÍNIA – Até porque ainda nutro certas esperanças...

CLARISSE – E eu também.

HENRIQUETA, *da porta* – Dá licença?

VIRGÍNIA e CLARISSE – Henriqueta! Entra!

HENRIQUETA – Como passam vocês?

VIRGÍNIA – Bem, e tu?

HENRIQUETA – Vamos passando. Então, o que há de novo?

VIRGÍNIA – Muitas coisas... Amanhã estaremos completamente livres.

CLARISSE – E poder-nos-emos casar com Serapiões e Pantaleões.

HENRIQUETA – Hem? O que é isso?

CLARISSE – É cá um projeto do nosso pai.

HENRIQUETA – Um projeto?

VIRGÍNIA – Meu pai quer nos casar de novo.

HENRIQUETA – Sim? E vocês consentem em tal, e estão completamente resolvidas a abandonarem os pobres inglesinhos?

VIRGÍNIA – Não sei o que te diga...

CLARISSE – Sabes, Henriqueta, que eles estão cá no Rio?

HENRIQUETA – Sei. Ontem encontrei o teu, o Bolin, Bolin... Que maldito nome, que nunca pude pronunciar!

CLARISSE – Bolingbrok.

HENRIQUETA – Bolinloque a passear no Largo do Paço, vermelho como um camarão. Assim que me avistou, veio direitinho para mim; mas eu que não estava para aturá-lo, fiz-me de esquerda e fui andando.

VIRGÍNIA – Há quinze dias que chegaram da Bahia, e atormentam-nos com cartas e recados.

HENRIQUETA – E já encontraste com ele?

VIRGÍNIA – Já, em um baile.

HENRIQUETA – E dançaste com ele?

VIRGÍNIA – Não.

CLARISSE – Por cinco ou seis vezes vieram convidar-nos para contradança, polca e valsa, mas nós, nada de aceitar.

HENRIQUETA – Coitados!

CLARISSE – E se tu visses a aflição em que eles estavam! Como viam que nós não os queríamos aceitar para pares, zangados e raivosos agarravam-se ao primeiro par que encontravam, e agora verás! Saltavam como uns demônios... Cada pernada!...

VIRGÍNIA – E na polca ia tudo raso, com pontapés e encontrões. Todos fugiam deles. Ah, ah!

HENRIQUETA – Assim é que os ingleses dançam; é moda entre eles.

CLARISSE – E depois iam para a sala dos refrescos, e – grogue e mais grogue...

HENRIQUETA – Era para afogar as paixões. Ah, ah, ah!

VIRGÍNIA, *rindo-se* – Ah, ah, ah! Com que caras estavam!

CLARISSE, *rindo-se* – E eu a regalar-me de não fazer caso deles.

VIRGÍNIA – E sabes tu que hoje eles jantam conosco?

HENRIQUETA – Aqui?

VIRGÍNIA – Sim, mandamo-los convidar.

HENRIQUETA – Para mangarem com eles?

CLARISSE – Sim, e nos pagarem os dissabores por que passamos na

Bahia. Vês aquelas duas vasilhas? É uma das manias de meu pai. Deu-lhe hoje para tingir o algodão de Minas que dá para roupa dos negros. Ali dentro ainda há um resto de tinta, e eu tenho cá um plano...

HENRIQUETA – E depois?

CLARISSE – Depois? Veremos...

VIRGÍNIA – Henriqueta, o que é feito de teu marido?

HENRIQUETA – Anda no seu lidar. Depois que perdeu tudo, fez-se procurador de causas... Pobre Jeremias! Mas eu sou bem feliz, porque ele agora ama-me. *(Dentro dão palmas.)*

CLARISSE – Dão palmas; são eles! Henriqueta, recebe-os, enquanto nos vamos preparar.

BOLINGBROK, *dentro* – Dá licença?

VIRGÍNIA – Vamos. *(Sai com Clarisse.)*

HENRIQUETA – Pode entrar. Isto há de ser bom!

## CENA III

*Henriqueta, Bolingbrok e John. Bolingbrok e John virão*
*de calça e colete branco e casaca.*

JOHN, *da porta* – Dá licença?

HENRIQUETA – Os senhores podem entrar.

JOHN, *entrando* – Minha senhora...

BOLINGBROK, *para John* – Este é mulher de Jeremias!

HENRIQUETA – Queiram ter a bondade de assentarem-se.

BOLINGBROK – No precisa; obrigada. Dona Clarisse?

JOHN – Posso falar com a senhora Dona Virgínia?

HENRIQUETA – Neste momento estão lá dentro, ocupadas. Terão a bondade de esperarem um pouco...

BOLINGBROK – Mim não pode espera; quer fala a ela já.

HENRIQUETA – Ui!

JOHN – Bolingbrok!

BOLINGBROK – Eu grita, chama ela. Clarisse? *(Gritando:)* Clarisse?

HENRIQUETA – Não grite, que já a vou chamar. Safa! *(Sai.)*

JOHN – Estais louco?

BOLINGBROK, *passeando pela casa com passos largos* – John, oh, oh, mim está zanga...

JOHN – E eu também não estou muito contente; mas enfim, é preciso termos paciência; estamos em casa de nossas mulheres.

BOLINGBROK – Yes, eu estar satisfeita de estar junto de Clarisse.

JOHN – E eu, de Virgínia. *(Assenta-se.)* Há três meses que as vimos pela primeira vez e lhe fizemos a corte; e eis-nos de novo obrigados a principiarmos...

BOLINGBROK, *sempre passeando de um para outro lado* – Yes, começa declaration outra vez...

JOHN – Que de acontecimentos, que de tribulações!... Mas tu é que és a causa de tudo isto.

BOLINGBROK, *parando* – Mim, John?

JOHN – Sim.

BOLINGBROK – Oh, este é forte! Culpada é tu, que dá conselho a mim. Maus conselhos.

JOHN – Sim? E tu, com estes maus modos?

BOLINGBROK – Oh, eu é que diz: minha ladrãozinho é mau, minha amorzinho é mau?... Oh, eu queixa de ti, e se ti não estar minha sócio... Eu dá soco.

JOHN, *levantando-se* – Tu é que precisas uma roda deles.

BOLINGBROK, *chegando-se para John* – Eu é que precisa, John? Eu é que precisa, John?

JOHN, *gritando* – É sim, maluco!

BOLINGBROK, *gritando muito junto de John* – Eu é que precisa, John?

JOHN, *empurrando-o* – Irra, não me ensurdeças!

BOLINGBROK – Oh! *(Arregaçando as mangas:)* John, vamos joga soco? Vamos, John? Eu quer quebra o nariz...

JOHN – Chega-te para lá!

BOLINGBROK – Oh!

## CENA IV

*Virgínia, Clarisse e os ditos.*

CLARISSE, *entrando* – O que é isto, senhores?

BOLINGBROK, *estático* – Oh!

JOHN – Minhas senhoras, não é nada.

BOLINGBROK, *cumprimentando* – Minhas comprimentas.

JOHN – A bondade que tivestes de nos convidar...

VIRGÍNIA – Queiram assentar. *(Puxam cadeiras e assentam-se na seguinte ordem: Virgínia e Clarisse à direita, e Bolingbrok e John à esquerda, e em distância.)*

JOHN, *tossindo* – Hum, hum!

BOLINGBROK, *tossindo* – Hum, hum! *(As duas sorriem-se.)*

JOHN – O dia hoje está fresco...

BOLINGBROK – Está bonita dia...

JOHN – E creio que teremos chuva...

BOLINGBROK – Muita chuva; a tempo está perturbada...

VIRGÍNIA, *sorrindo-se* – Bem vejo que está perturbado.

CLARISSE, *desatando a rir* – E muito... Ah, ah!

BOLINGBROK – Oh!

JOHN – Enfim, senhoras, temos a felicidade de vos falar sem testemunhas.

BOLINGBROK – E de nos achar junta de vós.

JOHN – E esse obséquio fez-se tanto esperar!

BOLINGBROK – Yes... Mim estava sequiosa para vos ver.

CLARISSE – Sequioso? Quer um copo de água com açúcar?

BOLINGBROK – No, no. I thank you.

CLARISSE – Não faça cerimônia... Parece-me tão alterado.

BOLINGBROK, *levantando-se* – No quer! Oh!

JOHN, *levantando-se* – Senhoras, este cerimonial muito pesa depois de tão longa ausência. Não seria melhor deixarmos de lado estes modos polidos, reservados, e falarmos sinceramente?

VIRGÍNIA, *levantando-se* – Como quiserdes, mas lembrai-vos das condições mediante as quais vos concedemos esta entrevista – nem uma palavra sobre o passado.

JOHN – Recusais ouvir a nossa justificação?

BOLINGBROK – Oh, não dá orelha a nós?

JOHN – Se temos culpa, vós também a tendes.

VIRGÍNIA – Nós, senhor?

BOLINGBROK – Yes.

JOHN – Sem dúvida! Abandonar-nos!...

VIRGÍNIA, *com gravidade* – Senhores, vós pensastes que depois de nos enganar cruelmente, sujeitar-nos-íamos, de boa vontade, a ser vossas escravas? Muito vos iludistes! Felizmente recobramos a nossa liberdade, e estamos resolvidas a não a sacrificar de novo.

CLARISSE – O vosso proceder foi uma traição indigna.

BOLINGBROK – My Clarisse!

JOHN – Virgínia, nunca me amaste...

VIRGÍNIA – Mas convenha que muito pouco foi feito para alcançar o meu amor.

CLARISSE – Basta; deixemos de recriminações. Os senhores farão o obséquio de jantarem conosco.

BOLINGBROK, *contente* – Oh, by God!

JOHN, *contente* – É isto para nós de grande satisfação.

BOLINGBROK, *à parte, para John* – Elas inda gosta de nós, John. *(Alto, e muito risonho:)* Eu está muito satisfeita, muito contente janta com vós. Ah, ah, ah!

VIRGÍNIA – Henriqueta, nossa amiga, jantará conosco.

BOLINGBROK – Henriqueta, mulher de Jeremias? Jeremias está traidor.

CLARISSE – Jeremias é uma pessoa de nossa amizade.

BOLINGBROK – Oh, pardon! Então é minha amiga.

VIRGÍNIA – Um favor que lhe quisera eu pedir...

JOHN – Ordenai.

VIRGÍNIA – Henriqueta gosta muito de empadas e pão-de-ló; se quisesse ter a bondade de ir ali à confeitaria e comprar...

JOHN – Oh!

VIRGÍNIA – Como? Não quereis?

JOHN – Eu vou, eu vou. *(Sai apressado.)*

CLARISSE – Se eu achasse quem quisesse ir comprar alface para salada...

BOLINGBROK – Eu vai, Miss, eu vai.

CLARISSE – Quer ter esse incômodo?

BOLINGBROK – Incômodo não; dá prazer, basta, eu faz... Eu compra alface, batata, repolha e nabos; eu traz tudo... Está muito satisfeita. Eu volta. *(Sai.)*

## CENA V

*Virgínia, Clarisse e Henriqueta. Virgínia e Clarisse, logo que Bolingbrok sai, caem assentadas nas cadeiras e riem-se às gargalhadas.*

HENRIQUETA, *entrando* – O que é? De que se riem? Que é deles?

VIRGÍNIA, *rindo-se* – Ah, ah, ah! Isto é delicioso!

CLARISSE, *rindo-se* – Ah, ah, ah! É magnífico!

HENRIQUETA – Acabem de rir, e digam-me o que é.

CLARISSE – O meu ex-marido foi comprar alfaces e couves...

VIRGÍNIA – E o meu, empadas e pão-de-ló. Ah, ah!...

HENRIQUETA – Eles mesmos? Tão orgulhosos como são?

VIRGÍNIA – Pois então? É que o caso mudou de figura. Na Bahia nem queriam carregar o nosso chapelinho-de-sol.

CLARISSE – E agora carregarão tudo quanto quisermos.

HENRIQUETA – Assim são os homens... Ou mansos cordeiros quando dependem, ou bravios leões quando nos governam. Ah, se não precisássemos deles...

## CENA VI

*Jeremias e os meninos. Jeremias virá vestido muito ordinariamente.*

JEREMIAS – Viva!

VIRGÍNIA e CLARISSE – Sr. Jeremias!

JEREMIAS – Como passam?

VIRGÍNIA e CLARISSE – Bem.

HENRIQUETA – Que fazes tu por aqui a estas horas?

JEREMIAS – Vim falar com estas senhoras.

VIRGÍNIA – Conosco?

JEREMIAS – Nem mais, nem menos.

CLARISSE – E para quê?

JEREMIAS – Seu pai encarregou ao seu procurador estes papéis. *(Mostra-lhe uns papéis.)* É o auto de anulação do vosso casamento com os meus amigos ínglis. O procurador, porém, que é um procurador muito procurado e tem muito que fazer, encarregou-me de dar andamento aos papéis. Não sei se já tive a distinta de lhes participar que depois que não soube dirigir o que era meu, trato de negócios dos outros...

CLARISSE – Já sabemos, que no-lo disse Henriqueta.

JEREMIAS – Muito bem. Recebi os papéis, e lançando os olhos sobre eles, li os vossos nomes, o dos nossos caríssimos amigos e a causa de toda a barulhada, e disse cá com os meus botões: isto pode ser maroteira do velho Narciso das Neves, e ainda vejo aqui a assinatura de suas filhas, não façamos nada sem consultá-las... Pus-me a caminho e eis-me aqui.

VIRGÍNIA – Muito lhe agradecemos.

JEREMIAS – Não há de quê.

HENRIQUETA – És um excelente rapaz.

JEREMIAS – Obrigado. Mas então, que querem que eu faça? Dá-se andamento aos papéis, ou não?

CLARISSE – Responde tu Virgínia.

VIRGÍNIA – E por que não respondes tu?

HENRIQUETA – Ah, já sei! Nenhuma quer responder, para ao depois não ter do que se arrepender. Pois decidirei eu.

JEREMIAS – Ainda bem. Sempre te conheci com resolução.

HENRIQUETA – Não dê andamento a esses papéis.

CLARISSE – E por quê?

HENRIQUETA – Porque bem depressa se arrependerão. Falemos claramente; vocês ainda conservam esperanças...

VIRGÍNIA – E quem te disse?

HENRIQUETA – Isso não é preciso que se diga; adivinha-se.

CLARISSE – Pois bem, sejamos sinceras. Sr. Jeremias, nós ainda amamos os nossos ingratos, e nem poderemos esquecer-nos que por eles fugimos desta casa, e que para eles vivemos dois meses... Nós, mulheres, não somos como os senhores; o nosso amor é mais constante e resiste mais tempo.

HENRIQUETA – Estás ouvindo?

CLARISSE – Mas em compensação, somos vingativas. Os nossos caros ex-maridos hão de primeiro pagar com usura o que sofremos, se quiserem ser perdoados. Hão de se curvar como nós nos curvamos, e obedecerem à nossa voz com humildade... Assim, talvez, nos dignemos perdoá-los.

JEREMIAS – Bravíssimo! Vou fazer com estes papéis o que fazem todos os procuradores, meus colegas – dormir no caso...

## CENA VII

*Entra Bolingbrok com dois grandes samburás pendurados nos braços, cheios de hortaliças e frutas. Segue-o John com uma empada em uma mão e um pão-de-ló na outra.*

BOLINGBROK, *entrando* – Está alface e repolha, Miss.

CLARISSE – Oh, muito bem.

JOHN – E a empada e pão-de-ló.

VIRGÍNIA – Andaram diligentes.

BOLINGBROK – Para ser agradável a vós.

HENRIQUETA – Dá cá a empada.

JEREMIAS, *ao mesmo tempo* – Dá cá um samburá.

BOLINGBROK – Jeremias está aqui!

JEREMIAS – Yes, my dear, dá samburá a mim. Oh, homem, compraste o mercado inteiro? *(Depositam tudo sobre a mesa.)*

BOLINGBROK – Para faze salada. *(Indo para Clarisse:)* Miss está contente?

CLARISSE, reprimindo o riso – Muito.

BOLINGBROK – Mim então está muito satisfeita.

VIRGÍNIA – Tratemos do mais.

JOHN – Querem ainda outra empada?

BOLINGBROK – Mais repolha e nabas?

VIRGÍNIA – Não, mas enquanto vamos lá dentro ver em que estado está o jantar, aqui está a mesa, e naquele guarda-pratos tudo o que é necessário para ela.

CLARISSE – E os senhores terão a bondade de arranjarem isto.

BOLINGBROK – Eu bota mesa? Oh!

JOHN – Querem que preparemos a mesa?

BOLINGBROK, *à parte* – Oh, este é muito! *(Alto:)* Mim não sabe faz doméstico; não quer.

CLARISSE – Ah, não quer? Está bem. *(Mostrando-se zangada.)*

JOHN – Pelo contrário, aceitamos o encargo com muito prazer. *(Para Bolingbrok:)* Cala-te, que botas tudo a perder. *(Alto:)* Não é verdade Bolingbrok, que temos nisso muito prazer?

BOLINGBROK – Oh, yes. *(À parte:)* Goddam! *(Esforçando-se para rir:)* Está contente bota mesa para nós janta; muito bom, está satisfeita, muito... *(À parte, raivoso:)* Goddam!

CLARISSE, *com ternura* – E eu te agradeço.

BOLINGBROK – Te agradeçe? Oh, oh! *(Muito alegre.)*

VIRGÍNIA – Mãos à obra! Tirem a toalha e pratos.

JEREMIAS – Melhor será que os senhores tirem primeiro as casacas; assim não podem servir bem.

VIRGÍNIA, CLARISSE e HENRIQUETA – É verdade!

BOLINGBROK – Mim não tira casaca!

CLARISSE – Também não pedimos nada coisa alguma que os senhores façam de boa vontade! É sempre de mau modo.

BOLINGBROK – Eu tira. John, tira casaca. *(Despem ambos as casacas. As três riem-se às escondidas.)*

JEREMIAS – Agora sim, parecem-se mesmo uns criados ingleses.

VIRGÍNIA – Henriqueta, vamos ver o jantar. Já voltamos. *(Saem as três, rindo-se.)*

## CENA VIII

*Bolingbrok, John e Jeremias.*

JEREMIAS, *da extremidade direita da sala, observa, rindo-se, os dois, que abrindo o guarda-prato, tiram dele toalhas, pratos, etc.* – Eis aí está como se abate o orgulho. São meus amigos, e verdade, mas estimo muito que isto lhes aconteça. Oh, se pudéssemos assim abater a proa a outros muitos inglismanes que eu conheço... *(Alto:)* John, põe esta mesa direito! Bolingbrok, adio, my dear, farewell... Good night. *(Sai.)*

## CENA IX

*Bolingbrok e John.*

JOHN, *pondo a mesa* – Então, que me dizes a isto?

BOLINGBROK, *pondo a mesa* – Eu está envergonhada. Quem dize que William Bolingbrok limpa pratas como uma cozinheiro, e carrega repolha e samburá?

JOHN – Que queres? Com submissão e paciência é que as tornaremos favoráveis... Cada vez a amo mais.

BOLINGBROK – Eu também, John. As garfos fica aqui... Mim está maluco por Clarisse.

JOHN – Aqui governam elas; lá governávamos nós.

BOLINGBROK – Yes. Nós está cativa aqui. Este é desagradável, mas está satisfeita de serve ela.

## CENA X

Entram *Virgínia, Clarisse e Henriqueta, apressadas.*

VIRGÍNIA, *entrando* – Escondam-se!

CLARISSE, *entrando, ao mesmo tempo* – Escondam-se!

HENRIQUETA – E depressa!

BOLINGBROK – O que é?

JOHN, *ao mesmo tempo* – O que foi?

CLARISSE – Meu pai aí vem, e se aqui os encontra, estamos perdidas!

BOLINGBROK – Oh, que fazer?

HENRIQUETA – Escondam-se, escondam-se!

JOHN – Mas onde? Onde?

VIRGÍNIA – Dentro daquelas pipas.

CLARISSE – É verdade! Andem, andem! *(As três empurram-nos para junto das meias pipas. Henriqueta levanta a tampa de madeira que as cobre.)*

HENRIQUETA – Entrem!

JOHN – Oh, estão com água!

BOLINGBROK – É tinta, John!

VIRGÍNIA – E o que tem isso? Entrem!

CLARISSE – Por quem sois, entrai, senão morreremos!

BOLINGBROK – Entra, John.

JOHN – Entrar? Mas a tinta?

VIRGÍNIA – É assim que nos amais?

HENRIQUETA – Pior é a demora.

VIRGÍNIA – Meu John, compadece-te de mim!

CLARISSE – Meu Bolingbrok, só assim te perdoaremos, e tornarei a amar-te.

HENRIQUETA – Entrem, entrem!

BOLINGBROK – John, entra; elas torna ama a nós. *(Bolingbrok e John entram nas pipas; as moças cobrem-nas com as tampas e, trepando sobre ela, dançam e riem-se.)*

HENRIQUETA – Ah, ah, ah, que belo ensino!

VIRGÍNIA – Agora sim, estamos vingadas!

CLARISSE – Quantas casadas conheço eu que invejam agora a nossa posição... *(Dança.)*

HENRIQUETA – Está bom; não se demorem muito, que eles podem morrer.

VIRGÍNIA, *saltando* – Morrer? Isso não! Morto não me serve de nada.

CLARISSE, *saltando* – Para ensino, basta.

HENRIQUETA – Sinto passos...

VIRGÍNIA – Quem será?

NARCISO, *dentro* – Diga que o espero.

CLARISSE – É meu pai.

VIRGÍNIA – Oh, com esta não contava eu! Que faremos?

HENRIQUETA – Ora, eis aí está! Vocês foram meter medo aos pobres ingleses com a vinda de seu pai, e ele chega sem ser esperado...

## CENA XI

*Narciso e as ditas.*

NARCISO, *entrando* – Ai, que estou estafado! Muito tenho andado *(sentando-se)*, e muito conseguido...

CLARISSE – Meu pai resolveu-se a jantar em casa?

NARCISO – Sim, estou com muitas dores de cabeça, e o jantar fora incomodar-me-ia... Mas quê? Esta mesa...

HENRIQUETA, *à parte* – Mal...

NARCISO – Tantos talheres?

VIRGÍNIA – Henriqueta e seu marido jantavam conosco.

NARCISO – Ah, está bom. Acrescentem mais dois talheres.

CLARISSE – Para quem?

NARCISO – Para os amigos Serapião e Pantaleão.

VIRGÍNIA – Pois vêm jantar conosco?

SERAPIÃO, *dentro* – Dá licença?

NARCISO – Ei-los. *(Levantando-se:)* Podem entrar. *(Indo ao fundo.)*

CLARISSE, *para Virgínia e Henriqueta* – E então?

VIRGÍNIA – Não sei no que isto dará...

## CENA XII

*Serapião, Pantaleão e os ditos. Serapião e Pantaleão virão vestidos como dois velhos que são, e muito estúrdios.*

NARCISO – Sejam muito bem-vindos, meus caros amigos.

CLARISSE, *à parte* – Oh, que figuras!

SERAPIÃO – Deus esteja nesta casa.

PANTALEÃO – Humilde criado...

NARCISO – Entrem, entrem, meus caros amigos; aqui estão elas. Hem? Que vos parecem?

SERAPIÃO – Encantados!

PANTALEÃO – Belas como os amores!

NARCISO – Bravo, amigo Pantaleão, como estais expressivo! Meninas, então? Cheguem-se para cá; é dos senhores que eu há pouco vos falava. *(Aqui Bolingbrok e John levantam as tampas das pipas e observam.)*

VIRGÍNIA – Muita satisfação tenho em conhecer ao Sr....

SERAPIÃO – Serapião.

VIRGÍNIA – Serapião.

CLARISSE – E eu, o Sr....

PANTALEÃO – Pantaleão.

CLARISSE – Pantaleão.

HENRIQUETA – Jibóia!...

NARCISO – Virgínia, Clarisse, minhas caras filhas, dar-me-eis hoje a maior satisfação com a vossa obediência. A estas horas, sem dúvida, estará lançada a sentença que anula o vosso primeiro casamento, e dentro de oito a quinze dias espero que estejais unidas aos meus dignos amigos.

SERAPIÃO – Grande será a nossa felicidade...

PANTALEÃO – E contentamento.

NARCISO – E já me tarda ver este negócio concluído, porque, na verdade, ainda temo os tais inglesinhos.

SERAPIÃO – Que apareçam, e verão para quanto prestamos!

PANTALEÃO – Sim, sim, que apareçam! *(Enquanto Serapião e Pantaleão falam, Bolingbrok e John levantam-se das pipas e saltam fora. Suas roupas, caras, mãos estarão o mais completamente tintas que for possível, isto é, Bolingbrok todo de azul e John de vermelho. Atiram-se sobre Serapião e Pantaleão, que dão gritos, espavoridos.)*

BOLINGBROK – Goddam! Goddam!

JOHN – Aqui estamos!

NARCISO, *assustadíssimo, corre para a porta do fundo, gritando* – Ai, ai, é o diabo, é o diabo! *(Jeremias, que entra nesse instante, esbarra-se com ele e rolam ambos pelo chão. As três moças recuam para junto da porta da direita. Serapião e Pantaleão caem de joelhos, a tremerem. Bolingbrok e John gritam, enfurecidos.)*

BOLINGBROK – Ah, tu quer casa, quer mulher a mim? Goddam!

JOHN – Pensas que assim há de ser, velho do diabo?

JEREMIAS, *caindo* – Que diabo é isso?

NARCISO, *gritando* – Ai, ai! *(Levanta-se, quer fugir; Jeremias o retém.)*

JEREMIAS – Espere! Aonde vai?

NARCISO – Deixe-me, deixe-me! *(Bolinbrok e John a este tempo têm deixado Serapião e Pantaleão caídos no chão; dirigem-se para Virgínia e Clarisse.)*

JOHN, *abraçando Virgínia* – Não te deixarei mais!

BOLINGBROK, *ao mesmo tempo, abraçando Clarisse* – Mim não deixa mais vós.

VIRGÍNIA – Ai!

CLARISSE, *ao mesmo tempo* – Ai!

HENRIQUETA, *indo para Narciso* – Senhor Narciso, Não se assuste!

JEREMIAS, *puxando para frente* – Venha cá.

JOHN, *abraçado com Virgínia* – Matar-me-ão junto de ti, mas eu não te deixarei... Não, não, Virgínia.

VIRGÍNIA – Não me suje de tinta!

BOLINGBROK, *abraçado com Clarisse* – Esfola a mim, mas eu não larga a vós! No, no!

JEREMIAS, *que a este tempo tem obrigado Narciso a aproximar-se dos ingleses* – Está vendo? São os primeiros maridos de suas filhas.

HENRIQUETA – Os ingleses.

NARCISO – Os ingleses? *(Enfurecido, para os dois:)* Ingleses do diabo, goddams de mil diabos, que fazem em minha casa? Larguem minhas filhas, ou eu sou capaz de... *(Bolingbrok e John deixam as mulheres e atiram-se sobre Narciso e seguram-no.)*

JOHN – Maldito velho!

BOLINGBROK, *ao mesmo tempo* – Velho macaco!

NARCISO – Ai, deixem-me!

JEREMIAS – John! Bolingbrok!

JOHN – Quero minha mulher!

BOLINGBROK, *ao mesmo tempo* – Minha mulher, macaco!

NARCISO – Diabos, diabos!

VIRGÍNIA, *para John* – Deixe meu pai!

CLARISSE, *para Bolingbrok* – Largue! Largue! *(Ambas, ajudadas por Jeremias e Henriqueta, puxam os ingleses, que se mostram enfurecidos contra Narciso. Neste tempo, Serapião e Pantaleão estão de pé, olhando muito para o que se passa.)*

NARCISO, *vendo-se livre dos ingleses* – Haveis de pagar-me, ingleses do inferno! Patifes!

BOLINGBROK – Larga a mim, Jeremias; quer dar soco...

NARCISO, *para Serapião e Pantaleão* – Amigos, ide chamar meirinhos, soldados, a justiça, para prender estes dois tratantes que desencaminharam minhas filhas.

JOHN, *sempre seguro* – Virgínia é minha mulher!

BOLINGBROK, *sempre seguro* – Clarisse é mulher a mim!

NARCISO – Isso veremos! O casamento está anulado. A sentença a estas horas estará lavrada.

JEREMIAS, *adiantando-se* – Ainda não está.

NARCISO – O quê?...

JEREMIAS – O procurador de Vossa Senhoria, o Sr. Moreira, por ter muito o que fazer, entregou-me os autos em que se tratava de cancelar o casamento de suas filhas, para eu dar andamento a eles. Deixei um instante sobre a minha mesa e os meus pequenos o puseram neste estado... *(Assim dizendo, tira da algibeira da casaca uma grande porção de papel cortado em tiras estreitas.)*

NARCISO – Oh! *(Tomando algumas tiras de papel e examinando-as:)* Oh, é a minha letra! A assinatura... Não tem dúvida! *(Para Jeremias:)* Que fizeste? *(Bolingbrok e John abraçam Jeremias.)*

JOHN – Meu amigo!

BOLINGBROK – Minha amigo! *(Ao mesmo tempo.)*

JEREMIAS – Não me afoguem!

NARCISO – Vou me queixar ao Ministro inglês, vou me queixar ao Governo desta imposição inglesa. *(Para Serapião e Pantaleão:)* Vamos, amigos!

VIRGÍNIA, *correndo para ele, e lançando-se lhe aos pés* – Meu pai!

CLARISSE, *no mesmo, ao mesmo tempo* – Meu pai!

NARCISO – O que é lá isso?

VIRGÍNIA – John ainda me ama.

CLARISSE, *ao mesmo tempo* – Bolingbrok ainda me ama.

JOHN e BOLINGBROK – Yes!

CLARISSE – E estará pronto a sujeitar-se a todas as cerimônias religiosas que tornem o nosso casamento legítimo.

JOHN – Eu estou pronto para tudo.

BOLINGBROK – Yes, pronta.

JEREMIAS – Meu caro senhor Narciso, a isto não se pode o senhor se opor; elas querem... *(Bolingbrok e John abraçam Jeremias.)*

CLARISSE e VIRGÍNIA – Meu pai, eu ainda o amo.

NARCISO – Levantai-vos. *(As duas levantam-se.)* Bem sei que sem o vosso consentimento não poderei anular o casamento. Senhores, depois que estiverdes legitimamente casados, poderei levar vossas mulheres.

JOHN, *abraçando Virgínia* – Minha Virgínia!

BOLINGBROK, *abraçando Clarisse, ao mesmo tempo* – My Clarisse!

NARCISO, *para Serapião e Pantaleão* – Perdoai-me, meus amigos.

JOHN – Jeremias será nosso sociado.

BOLINGBROK – Yes, será nosso sociado!

JEREMIAS – Oh, eu vou fazer fortuna, minha Henriqueta! *(Abraça-a.)*

HENRIQUETA – Iremos para a Bahia e seremos todos...

JOHN, BOLINGBROK, VIRGÍNIA, CLARISSE, JEREMIAS e HENRIQUETA – Felizes!

NARCISO, SERAPIÃO e PANTALEÃO, *ao mesmo tempo* – Logrados!

## FIM

# O Noviço

*Personagens*

AMBRÓSIO.

FLORÊNCIA, sua mulher.

EMÍLIA, sua filha.

JUCA, 9 anos, dito.

CARLOS, noviço da Ordem de S. Bento.

ROSA, provinciana, primeira mulher de Ambrósio.

PADRE-MESTRE DOS NOVIÇOS.

JORGE.

JOSÉ, criado.

1 meirinho, que fala.

2 ditos, que não falam.

Soldados de Permanentes, etc, etc.

(A cena passa-se no Rio de Janeiro.)

## ATO PRIMEIRO

Sala ricamente adornada: mesa, consolos, mangas de vidro, jarras com flores, cortinas, etc., etc. No fundo, porta de saída, uma janela, etc., etc.

### CENA I

AMBRÓSIO, *só, de calça preta e chambre* — No mundo a fortuna é para quem sabe adquiri-la. Pintam-na cega... Que simplicidade! Cego é aquele que não tem inteligência para vê-la e a alcançar. Todo o homem pode ser rico, se atinar com o verdadeiro caminho da fortuna. Vontade forte, perseverança e pertinácia são poderosos auxiliares. Qual o homem que, resolvido a empregar todos os meios, não consegue enriquecer-se? Em mim se vê o exemplo. Há oito anos, era eu pobre e miserável, e hoje sou rico, e mais ainda serei. O como não importa; no bom resultado está o mérito... Mas um dia pode tudo mudar. Oh, que temo eu? Se em algum tempo tiver de responder pelos meus atos, o ouro justificar-me-á e serei limpo de culpa. As leis criminais fizeram-se para os pobres...

### CENA II

*Entra Florência, vestida de preto, como quem vai a festa.*

FLORÊNCIA, *entrando* — Ainda despido, Sr. Ambrósio?

AMBRÓSIO — É cedo. *(Vendo o relógio:)* São nove horas, e o ofício de Ramos principia as dez e meia.

FLORÊNCIA — É preciso ir mais cedo para tomarmos lugar.

AMBRÓSIO — Para tudo há tempo. Ora dize-me, minha bela Florência...

FLORÊNCIA — O que, meu Ambrosinho?

AMBRÓSIO — O que pensa tua filha do nosso projeto?

FLORÊNCIA — O que pensa não sei eu, nem disso se me dá; quero eu — e basta. E é seu dever obedecer.

AMBRÓSIO — Assim é; estimo que tenhas caráter enérgico.

FLORÊNCIA — Energia tenho eu.

AMBRÓSIO — E atrativos, feiticeira...

FLORÊNCIA — Ai, amorzinho! *(À parte:)* Que marido!

AMBRÓSIO — Escuta-me, Florência, e dá-me atenção. Crê que ponho todo o meu pensamento em fazer-te feliz...

FLORÊNCIA — Toda eu sou atenção.

AMBRÓSIO — Dois filhos te ficaram do teu primeiro matrimônio. Teu marido foi um digno homem e de muito juízo; deixou-te herdeira de avultado cabedal. Grande mérito é esse...

FLORÊNCIA — Pobre homem!

AMBRÓSIO — Quando eu te vi pela primeira vez, não sabia que eras viúva rica. *(À parte:)* Se o sabia! *(Alto:)* Amei-te por simpatia.

FLORÊNCIA — Sei disso, vidinha.

AMBRÓSIO — E não foi o interesse que me obrigou a casar contigo.

FLORÊNCIA — Foi o amor que nos uniu.

AMBRÓSIO — Foi, foi, mas agora que me acho casado contigo, é de meu dever zelar essa fortuna que sempre desprezei.

FLORÊNCIA, *à parte* — Que marido!

AMBRÓSIO, *à parte* — Que tola! *(Alto:)* Até o presente tens gozado dessa fortuna em plena liberdade e a teu bel-prazer; mas daqui em diante, talvez assim não seja.

FLORÊNCIA — E por quê?

AMBRÓSIO — Tua filha está moça e em estado de casar-se. Casar-se-á, e terás um genro que exigirá a legítima de sua mulher, e desse dia principiarão as amofinações para ti, e intermináveis demandas. Bem sabes que ainda não fizestes inventário.

FLORÊNCIA — Não tenho tido tempo, e custa-me tanto aturar procuradores!

AMBRÓSIO — Teu filho também vai a crescer todos os dias e será preciso por fim dar-lhe a sua legítima... Novas demandas.

FLORÊNCIA — Não, não quero demandas.

AMBRÓSIO — É o que eu também digo; mas como preveni-las?

FLORÊNCIA — Faze o que entenderes, meu amorzinho.

AMBRÓSIO — Eu já te disse há mais de três meses o que era preciso fazermos para atalhar esse mal. Amas a tua filha, o que é muito natural, mas amas ainda mais a ti mesma...

FLORÊNCIA — O que também é muito natural...

AMBRÓSIO — Que dúvida! E eu julgo que podes conciliar esses dois pontos, fazendo Emília professar em um convento. Sim, que seja freira. Não terás nesse caso de dar legítima alguma, apenas um insignificante dote — e farás ação meritória.

FLORÊNCIA — Coitadinha! Sempre tenho pena dela; o convento é tão triste!

AMBRÓSIO — É essa compaixão mal-entendida! O que é este mundo? Um pélago de enganos e traições, um escolho em que naufragam a felicidade e as doces ilusões da vida. E o que é o convento? Porto de salvação e ventura, asilo da virtude, único abrigo da inocência e verdadeira felicidade... E deve uma mãe carinhosa hesitar na escolha entre o mundo e o convento?

FLORÊNCIA — Não, por certo...

AMBRÓSIO — A mocidade é inexperiente, não sabe o que lhe convém. Tua filha lamentar-se-á, chorará desesperada, não importa; obriga-a e dá tempo ao tempo. Depois que estiver no convento e acalmar-se esse primeiro fogo, abençoará o teu nome e, junto ao altar, no êxtase de sua tranquilidade e verdadeira felicidade, rogará a Deus por ti. *(À parte:)* E a legítima ficará em casa...

FLORÊNCIA — Tens razão, meu Ambrosinho, ela será freira.

AMBRÓSIO — A respeito de teu filho direi o mesmo. Tem ele nove anos e será prudente criarmo-lo desde já para frade.

FLORÊNCIA — Já ontem comprei-lhe o hábito com que andará vestido daqui em diante.

AMBRÓSIO — Assim não estranhará quando chegar à idade de entrar no convento; será frade feliz. *(À parte:)* E a legítima também ficará em casa...

FLORÊNCIA — Que sacrifícios não farei eu para ventura de meus filhos!

## CENA III

*Entra Juca, vestido de frade, com chapéu desabado, tocando um assobio.*

FLORÊNCIA — Anda cá, filhinho. Como estais galante com esse hábito!

AMBRÓSIO — Juquinha, gostas desta roupa?

JUCA — Não, não me deixa correr, é preciso levantar assim... *(Arregaça o hábito.)*

AMBRÓSIO — Logo te acostumarás.

FLORÊNCIA — Filhinho, hás de ser um fradinho muito bonito.

JUCA, *chorando* — Não quero ser frade!

FLORÊNCIA — Então, o que é isso?

JUCA — Hi, hi, hi... Não quero ser frade!

FLORÊNCIA — Menino!

AMBRÓSIO — Pois não te darei o carrinho que te prometi, todo bordado de prata, com cavalos de ouro.

JUCA, *rindo-se* — Onde está o carrinho?

AMBRÓSIO — Já o encomendei; é coisa muito bonita: os arreios todos enfeitados de fitas e veludo.

JUCA — Os cavalos são de ouro?

AMBRÓSIO — Pois não, de ouro com os olhos de brilhantes.

JUCA — E andam sozinhos?

AMBRÓSIO — Se andam! De marcha e passo.

JUCA — Andam, mamãe?

FLORÊNCIA — Correm, filhinho.

JUCA, *saltando de contente* — Como é bonito! E o carrinho tem rodas, capim para os cavalos, uma moça bem enfeitada?

AMBRÓSIO — Não lhe falta nada.

JUCA — E quando vem?

AMBRÓSIO — Assim que estiver pronto.

JUCA, *saltando e cantando* — Eu quero ser frade, eu quero ser frade... (Etc.)

AMBRÓSIO, *para Florência* — Assim o iremos acostumando...

FLORÊNCIA — Coitadinho, é preciso comprar-lhe o carrinho!

AMBRÓSIO, *rindo-se* — Com cavalos de ouro?

FLORÊNCIA — Não.

AMBRÓSIO — Basta que se compre uma caixinha com soldados de chumbo.

JUCA, *saltando pela sala* — Eu quero ser frade!

FLORÊNCIA — Está bom, Juquinha, serás frade; mas não grites tanto. Vai lá para dentro.

JUCA, *sai cantando* — Eu quero ser frade... *(Etc.)*

FLORÊNCIA — Estas crianças...

AMBRÓSIO — Este levaremos com facilidade... De pequenino se torce o pepino... Cuidado me dá o teu sobrinho Carlos.

FLORÊNCIA — Já vai para seis meses que ele entrou como noviço no convento.

AMBRÓSIO — E queira Deus que decorra o ano inteiro para professar, que só assim ficaremos tranquilos.

FLORÊNCIA — E se fugir do convento?

AMBRÓSIO — Lá isso não temo eu... Está bem recomendado. É preciso empregarmos toda nossa autoridade para obrigá-lo a professar. O motivo, bem o sabes...

FLORÊNCIA — Mas olha que Carlos é da pele, é endiabrado.

AMBRÓSIO — Outros tenho eu domado... Vão sendo horas de sairmos, vou-me vestir. *(Sai pela esquerda.)*

## CENA IV

FLORÊNCIA, *só* — Se não fosse este homem com quem casei-me segunda vez, não teria agora quem zelasse com tanto desinteresse a minha fortuna. É uma bela pessoa... Rodeia-me de cuidados e carinhos. Ora, digam lá que uma mulher não deve casar-se segunda vez... Se eu soubesse que havia de ser sempre tão feliz, casar-me-ia cinquenta.

## CENA V

*Entra Emília, vestida de preto, como querendo atravessar a sala.*

FLORÊNCIA — Emília, vem cá.

EMÍLIA — Senhora?

FLORÊNCIA — Chega aqui. Ó menina, não deixarás este ar triste e lagrimoso em que andas?

EMÍLIA — Minha mãe, eu não estou triste. *(Limpa os olhos com o lenço.)*

FLORÊNCIA — Aí tem! Não digo? A chorar. De que chora?

EMÍLIA — De nada, não senhora.

FLORÊNCIA — Ora, isto é insuportável! Mata-se e amofina-se uma mãe extremosa para fazer a felicidade de sua filha, e como agradece esta? Arrepelando-se e chorando. Ora, sejam lá mãe e tenham filhos desobedientes...

EMÍLIA — Não sou desobediente. Far-lhe-ei a vontade; mas não posso deixar de chorar e sentir. *(Aqui aparece a porta por onde saiu, Ambrósio, em mangas de camisa, para observar.)*

FLORÊNCIA — E por que tanto chora a menina, por quê?

EMÍLIA — Minha mãe...

FLORÊNCIA — O que tem de mau a vida de freira?

EMÍLIA — Será muito boa, mas é que não tenho inclinação nenhuma para ela.

FLORÊNCIA — Inclinação, inclinação! O que quer dizer inclinação? Terás, sem dúvida, por algum francelho frequentador de bailes e passeios, jogador do écarté e dançador de polca? Essas inclinações é que perdem a muitas meninas. Esta cabecinha ainda está muito leve; eu é que sei o que te convém: serás freira.

EMÍLIA — Serei freira, minha mãe, serei! Assim como estou certa de que hei de ser desgraçada.

FLORÊNCIA — Histórias! Sabes tu o que é mundo? O mundo é... é... *(À parte:)* Já não me recordo o que me disse o Sr. Ambrósio que era o mundo. *(Alto.)* O mundo é... um... é... *(À parte:)* E esta? *(Vendo Ambrósio junto da porta:)* Ah, Ambrósio, dize aqui a esta estonteada o que é o mundo.

AMBRÓSIO, *adiantando-se* — O mundo é um pélago de enganos e traições, um escolho em que naufragam a felicidade e as doces ilusões da vida... E o convento é porto de salvação e ventura, único abrigo da inocência e verdadeira felicidade... Onde está minha casaca?

FLORÊNCIA — Lá em cima no sótão. *(Ambrósio sai pela direita. Florência, para Emília:)* Ouviste o que é o mundo, e o convento? Não sejas pateta, vem acabar de vestir-te, que são mais que horas. *(Sai pela direita.)*

### CENA VI

*Emília e depois Carlos.*

EMÍLIA — É minha mãe, devo-lhe obediência, mas este homem,

meu padrasto, como o detesto! Estou certa de que foi ele quem persuadiu a minha mãe que me metesse no convento. Ser freira? Oh, não, não! E Carlos, que tanto amo? Pobre Carlos, também te perseguem! E por que nos perseguem assim? Não sei. Como tudo mudou nesta casa, depois que minha mãe casou-se com este homem! Então não pensou ela na felicidade de seus filhos. Ai, ai!

## CENA VII

*Carlos, com hábito de noviço, entra assustado e fecha a porta.*

EMÍLIA, *assustando-se* — Ah, quem é? Carlos!

CARLOS — Cala-te!

EMÍLIA — Meu Deus, o que tens, por que estás tão assustado? O que foi?

CARLOS — Aonde está minha tia, e o teu padrasto?

EMÍLIA — Lá em cima. Mas o que tens?

CARLOS — Fugi do convento, e aí vêm eles atrás de mim.

EMÍLIA — Fugiste? E por que motivo?

CARLOS — Por que motivo? Pois faltam motivos para se fugir de um convento? O último foi o jejum em que vivo há sete dias... Vê como tenho esta barriga, vai a sumir-se. Desde sexta-feira passada que não mastigo pedaço que valha a pena.

EMÍLIA — Coitado!

CARILOS — Hoje, já não podendo, questionei com o Dom Abade. Palavras puxam palavras; dize tu, direi eu, e por fim de contas arrumei-lhe uma cabeçada, que o atirei por esses ares.

EMÍLIA — O que fizestes, louco?

CARLOS — E que culpa tenho eu, se tenho a cabeça esquentada? Para que querem violentar minhas inclinações? Não nasci para frade, não tenho jeito nenhum para estar horas inteiras no coro a rezar com os braços encruzados. Não me vai o gosto para aí... Não posso jejuar: tenho, pelo menos três vezes ao dia, uma fome de todos os diabos. Militar é o que eu quisera ser; para aí chama-me a inclinação. Bordoadas, espadeiradas, rusgas é que me regalam; esse é o meu gênio. Gosto de teatro, e de lá ninguém vai ao teatro, à exceção de Frei Maurício, que frequenta a plateia de casaca e cabeleira, para esconder a coroa.

EMÍLIA — Pobre Carlos, como terás passado estes seis meses de noviciado!

CARLOS — Seis meses de martírio! Não que a vida de frade seja má; boa é ela para quem a sabe gozar e que para ela nasceu; mas eu, priminha, eu que tenho para a tal vidinha negação completa, não posso!

EMÍLIA — E os nossos parentes quando nos obrigam a seguir uma carreira para a qual não temos inclinação alguma, dizem que o tempo acostumar-nos-á.

CARLOS — O tempo acostumar! Eis aí porque vemos entre nós tantos absurdos e disparates. Este tem jeito para sapateiro: pois vá estudar medicina... Excelente médico! Aquele tem inclinação para cômico: pois não senhor, será político... Ora, ainda isso vá. Estoutro só tem jeito para caiador ou borrador: nada, é ofício que não presta... Seja diplomata, que borra tudo quanto faz. Aqueloutro chama-lhe toda a propensão para a ladroeira; manda o bom senso que se corrija o sujeitinho, mas isso não se faz: seja tesoureiro de repartição, fiscal, e lá se vão os cofres da nação à garra... Essoutro tem uma grande carga de preguiça e indolência e só serviria para leigo de convento, no entanto, vemos o bom do mandrião empregado público, comendo com as mãos encruzadas sobre a pança o pingue ordenado da nação.

EMÍLIA — Tens muita razão; assim é.

CARLOS — Este nasceu para poeta ou escritor, com uma imaginação fogosa e independente, capaz de grandes coisas, mas não pode seguir a sua inclinação, porque poetas e escritores morrem de miséria, no Brasil. E assim o obriga a necessidade a ser o mais somenos amanuense em uma repartição pública e a copiar cinco horas por dia os mais soníferos papéis. O que acontece? Em breve, matam-lhe a inteligência e fazem do homem pensante máquina estúpida, e assim se gasta uma vida! É preciso, é já tempo que alguém olhe para isso, e alguém que possa.

EMÍLIA — Quem pode nem sempre sabe o que se passa entre nós, para poder remediar; é preciso falar.

CARLOS — O respeito e a modéstia prendem muitas línguas, mas lá vem um dia que a voz da razão se faz ouvir, e tanto mais forte quanto mais comprimida.

EMÍLIA — Mas Carlos, hoje te estou desconhecendo...

CARLOS — A contradição em que vivo tem-me exasperado! E como queres tu que eu não fale quando vejo, aqui, um péssimo cirurgião que poderia ser bom alveitar; ali, um ignorante general que poderia ser excelente enfermeiro; acolá, um periodiqueiro que só serviria para arrieiro, tão desbocado e insolente é, etc., etc. Tudo está fora de seus eixos...

EMÍLIA — Mas que queres tu que se faça?

CARLOS — Que não se constranja ninguém, que se estudem os homens e que haja uma bem entendida e esclarecida proteção, e que, sobretudo, se despreze o patronato, que assenta o jumento nas bancas das academias e amarra o homem de talento à manjedoura. Eu, que quisera viver com uma espada à cinta e à frente do meu batalhão, conduzi-lo ao inimigo através da metralha, bradando: "Marcha... *(Manobrando pela sala, entusiasmado:)* Camaradas, coragem, calar baionetas! Marche, marche! Firmeza, avança! O inimigo fraqueia... *(Seguindo Emília, que recua, espantada:)* Avança!"

EMÍLIA — Primo, primo, que é isso? Fique quieto!

CARLOS, *entusiasmado* – "Avança, bravos companheiros, viva a Pátria! Viva!" — e voltar vitorioso, coberto de sangue e poeira... Em vez desta vida de agitação e glória, hei de ser frade, revestir-me de paciência e humildade, encomendar defuntos... *(Cantando:)* Requiescat in pace... a porta inferi! amen... O que seguirá disto? O ser eu péssimo frade, descrédito do convento e vergonha do hábito que visto. Falta-me a paciência.

EMÍLIA — Paciência, Carlos, preciso eu também ter, e muita. Minha mãe declarou-me positivamente que eu hei de ser freira.

CARLOS — Tu, freira? Também te perseguem?

EMÍLIA — E meu padrasto ameaça-me.

CARLOS — Emília, aos cinco anos estava eu órfão, e tua mãe, minha tia, foi nomeada por meu pai sua testamenteira e minha tutora. Contigo cresci nesta casa, e à amizade de criança seguiu-se inclinação mais forte... Eu te amei, Emília, e tu também me amaste.

EMÍLIA – Carlos!

CARLOS — Vivíamos felizes, esperando que um dia nos uniríamos. Nesses planos estávamos, quando apareceu este homem, não sei donde, e que soube a tal ponto iludir tua mãe, que a fez esquecer-se de seus filhos que tanto amava, de seus interesses e contrair segundas núpcias.

EMÍLIA — Desde então nossa vida, tem sido tormentosa...

CARLOS — Obrigaram-me a ser noviço, e não contentes com isso, querem-te fazer freira. Emília, há muito tempo que eu observo este teu padrasto. E sabes qual tem sido o resultado de minhas observações?

EMÍLIA — Não.

CARLOS — Que ele é um rematadíssimo velhaco.

EMÍLIA — Oh, estás bem certo disso?

CARLOS — Certíssimo! Esta resolução que tomaram, de fazerem-te freira, confirma a minha opinião.

EMÍLIA — Explica-te.

CARLOS — Teu padrasto persuadia a minha tia que me obrigasse a ser frade para assim roubar-me, impunemente, a herança que meu pai deixou-me. Um frade não põe demandas...

EMÍLIA — É possível?

CARLOS — Ainda mais; querem que tu sejas freira para não te darem dote, se te casares.

EMÍLIA — Carlos, quem te disse isso? Minha mãe não é capaz!

CARLOS — Tua mãe vive iludida. Oh, que não possa eu desmascarar este tratante!...

EMÍLIA — Fala baixo!

## CENA VIII

*Entra Juca.*

JUCA — Mana, mamãe pergunta por você.

CARLOS — De hábito? Também ele?...

JUCA, *correndo para Carlos* — Primo Carlos!

CARLOS, *tomando-o no colo* — Juquinha! Então, prima, tenho ou não razão? Há ou não plano?

JUCA — Primo, você também é frade? Já lhe deram também um carrinho de prata com cavalos de ouro?

CARLOS — O que dizes?

JUCA — Mamãe disse que havia de me dar um muito dourado quando eu fosse frade. *(Cantando:)* Eu quero ser frade... *(Etc., etc.)*

CARLOS, *para Emília* — Ainda duvidas? Vê como enganam esta inocente criança!

JUCA — Não enganam não, primo, os cavalos andam sozinhos.

CARLOS, *para Emília* — Então?

EMÍLIA — Meu Deus!

CARLOS — Deixa o caso por minha conta. Hei de fazer uma estralada de todos os diabos, verão...

EMÍLIA — Prudência!

CARLOS — Deixa-os comigo. Adeus, Juquinha, vai para dentro com tua irmã. *(Bota-o no chão.)*

JUCA — Vamos, mana. *(Sai cantando:)* Eu quero ser frade... *(Emília o segue.)*

## CENA IX

CARLOS, *só* — Hei de descobrir algum meia... Oh, se hei de! Hei de ensinar a este patife, que se casou com minha tia para comer não só a sua fortuna, como a de seus filhos. Que belo padrasto!... Mas por ora tratemos de mim; sem dúvida no convento anda tudo em polvorosa... Foi boa cabeçada! O Dom Abade deu um salto de trampolim... *(Batem à porta.)* Batem? Mau! Serão eles? *(Batem.)* Espreitemos pelo buraco da fechadura. *(Vai espreitar.)* É uma mulher... *(Abre a porta.)*

## CENA X

*Rosa e Carlos.*

ROSA — Dá licença?

CARLOS — Entre.

ROSA, *entrando* — Uma serva de Vossa Reverendíssima.

CARLOS — Com quem tenho o prazer de falar?

ROSA — Eu, Reverendíssimo Senhor, sou uma pobre mulher. Ai, estou muito cansada...

CARLOS — Pois sente-se, senhora. (À parte:) Quem será?

ROSA, *sentando-se* — Eu chamo-me Rosa. Há uma hora que cheguei do Ceará no vapor Paquete do Norte.

CARLOS — Deixou aquilo por lá tranquilo?

ROSA — Muito tranquilo, Reverendíssimo. Houve apenas no mês passado vinte e cinco mortes.

CARLOS — São Brás! Vinte e cinco mortes! E chama a isso tranquilidade?

ROSA — Se Vossa Reverendíssima soubesse o que por lá vai, não se admiraria. Mas, meu senhor, isto são causas que nos não pertencem; deixe lá morrer quem morre, que ninguém se importa com isso. Vossa Reverendíssima é cá da casa?

CARLOS — Sim senhora.

ROSA — Então é parente de meu homem?

CARLOS — De seu homem?

ROSA — Sim senhor.

CARLOS — E quem é seu homem?

ROSA — O Sr. Ambrósio Nunes.

CARLOS — O Sr. Ambrósio Nunes!...

ROSA — Somos casados há oito anos.

CARLOS — A senhora é casada com o Sr. Ambrósio Nunes, e isto há oito anos?

ROSA — Sim senhor.

CARLOS — Sabe o que está dizendo?

ROSA — Essa é boa!

CARLOS — Está em seu perfeito juízo?

ROSA — O Reverendíssimo ofende-me...

CARLOS — Com a fortuna! Conte-me isso, conte-me - como se casou, quando, como, em que lugar?

ROSA — O lugar foi na igreja.

CARLOS — Está visto.

ROSA — Quando, já disse; há oito anos.

CARLOS — Mas onde?

ROSA *levanta-se* — Eu digo a Vossa Reverendíssima. Sou filha do Ceará. Tinha eu meus quinze anos quando lá apareceu, vindo do Maranhão, o Sr. Ambrósio. Foi morar na nossa vizinhança. Vossa Reverendíssima bem sabe o que são vizinhanças... Eu o via todos os dias, ele também me via; eu gostei, ele gostou e nos casamos.

CARLOS — Isso foi anda mão, fia dedo... E tem documentos que provem o que diz?

ROSA — Sim senhor, trago comigo a certidão do vigário que nos casou, assinada pelas testemunhas, e pedi logo duas, por causa das dúvidas. Podia perder uma...

CARLOS — Continue.

ROSA — Vivi dois anos com meu marido muito bem. Passado esse tempo, morreu minha mãe. O Sr. Ambrósio tomou conta de nossos bens, vendeu-os e partiu para Montevidéu a fim de empregar o dinheiro em um negócio, no qual, segundo dizia, havíamos de ganhar muito. Vai isto para seis anos, mas desde então, Reverendíssimo Senhor, não soube mais notícias dele.

CARLOS — Oh!

ROSA — Escrevi-lhe sempre, mas nada de receber resposta. Muito chorei, porque pensei que ele havia morrido.

CARLOS — A história vai interessando-me, continue.

ROSA — Eu já estava desenganada, quando um sujeito que foi aqui do Rio, disse-me que meu marido ainda vivia e que habitava na Corte.

CARLOS — E nada mais lhe disse?

ROSA — Vossa Reverendíssima vai espantar-se do que eu disser...

CARLOS — Não me espanto, diga.

ROSA — O sujeito acrescentou que meu marido tinha se casado com outra mulher.

CARLOS — Ah, disse-lhe isso?

ROSA — E muito chorei eu, Reverendíssimo; mas depois pensei que era impossível, pois um homem pode lá casar-se tendo a mulher viva? Não é verdade, Reverendíssimo?

CARLOS — A bigamia é um grande crime; o Código é muito claro.

ROSA — Mas na dúvida, tirei as certidões do meu casamento, parti para o Rio, e assim que desembarquei, indaguei onde ele morava. Ensinaram-me e venho eu mesma perguntar-lhe que histórias são essas de casamentos.

CARLOS — Pobre mulher, Deus se compadeça de ti!

ROSA – Então é verdade?

CARLOS — Filha, a resignação é uma grande virtude. Quer fiar-se em mim, seguir meus conselhos?

ROSA — Sim senhor, mas que tenho eu a temer? Meu marido está com efeito casado?

CARLOS — Dê-me cá uma das certidões.

ROSA — Mas...

CARLOS — Fia-se ou não em mim?

ROSA — Aqui está. *(Dá-lhe uma das certidões.)*

AMBRÓSIO, *dentro* — Desçam, desçam, que passam as horas.

CARLOS — Aí vem ele.

ROSA — Meus Deus!

CARLOS — Tomo-a debaixo da minha proteção. Venha cá; entre neste quarto.

ROSA — Mas Reverendíssimo...

CARLOS — Entre, entre, senão abandono-a. *(Rosa entra no quarto à esquerda e Carlos cerra a porta.)*

## CENA XI

CARLOS, *só* — Que ventura, ou antes, que patifaria! Que tal? Casado com duas mulheres! Oh, mas o Código é muito claro... Agora verás como se rouba e se obriga a ser frade.

## CENA XII

*Entra Ambrósio de casaca, seguido de Florência e Emília, ambas de véu de renda preta sobre a cabeça.*

AMBRÓSIO, *entrando* — Andem, andem! Irra, essas mulheres a vestirem-se fazem perder a paciência!

FLORÊNCIA, *entrando* — Estamos prontas.

AMBRÓSIO, *vendo Carlos* — Oh, que fazes aqui?

CARLOS, *principia a passear pela sala de um para outro lado* — Não vê? Estou passeando; divirto-me.

AMBRÓSIO — Como é lá isso?

CARLOS, *do mesmo modo* — Não é da sua conta.

FLORÊNCIA — Carlos, que modos são esses?

CARLOS — Que modos são? São os meus.

EMÍLIA, *à parte* — Ele se perde!

FLORÊNCIA — Estás doido?

CARLOS — Doido estava alguém quando... Não me faça falar...

FLORÊNCIA — Hem?

AMBRÓSIO — Deixe-o comigo. *(Para Carlos:)* Por que saíste do convento?

CARLOS — Porque quis. Então não tenho vontade?

AMBRÓSIO — Isso veremos. Já para o convento!

CARLOS, *rindo-se com força* — Ah, ah, ah!

AMBRÓSIO — Ri-se?

FLORÊNCIA, *ao mesmo tempo* — Carlos!

EMÍLIA — Primo!

CARLOS — Ah, ah, ah!

AMBRÓSIO, *enfurecido* — Ainda uma vez, obedece-me, ou...

CARLOS — Que cara! Ah, ah! *(Ambrósia corre para cima de Carlos.)*

FLORÊNCIA, *metendo-se no meio* — Ambrosinho!

AMBRÓSIO — Deixe-me ensinar a este malcriado...

CARLOS — Largue-o, tia, não tenha medo.

EMÍLIA — Carlos!

FLORÊNCIA — Sobrinho, o que é isso?

CARLOS — Está bom, não se amofinem tanto, voltarei para o convento.

AMBRÓSIO — Ah, já?

CARLOS — Já, sim senhor, quero mostrar a minha obediência.

AMBRÓSIO — E que não fosse...

CARLOS — Incorreria no seu desagrado? Forte desgraça!...

FLORÊNCIA — Principias?

CARLOS — Não senhora, quero dar uma prova de submissão ao senhor meu tio... É, meu tio, é... Casado com minha tia segunda vez... Quero dizer, minha tia é que se casou segunda vez.

AMBRÓSIO, *assustando-se, à parte* — O que diz ele?

CARLOS, *que o observa* — Não há dúvida...

FLORÊNCIA, *para Emília* — O que tem hoje este rapaz?

CARLOS — Não é assim, senhor meu tio? Venha cá, faça-me o favor, senhor meu tio. *(Travando-lhe do braço.)*

AMBRÓSIO — Tira as mãos.

CARLOS — Ora, faça-me o favor, senhor meu tio, quero-lhe mostrar uma coisa; depois farei o que quiser. *(Levando-o para a porta do quarto.)*

FLORÊNCIA — O que é isto?

AMBRÓSIO — Deixa-me!

CARLOS — Um instante. *(Retendo Ambrósio com uma mão, com a outra empurra a porta e aponta para dentro, dizendo:)* Vê!

AMBRÓSIO, *afirmando a vista* — Oh! *(Volta para junto de Flo-*

rência e de Emília, e as toma convulsivo pelo braço.) Vamos, vamos, são horas!

FLORÊNCIA — O que é?

AMBRÓSIO, *forcejando por sair e levá-las consigo* — Vamos, vamos!

FLORÊNCIA — Sem chapéu?

AMBRÓSIO — Vamos, vamos! *(Sai, levando-as.)*

CARLOS — Então, senhor meu tio? Já não quer que eu vá para o convento? *(Depois que ele sai.)* Senhor meu tio, senhor meu tio? *(Vai à porta, gritando.)*

## CENA XIII

*Carlos, só, e depois Rosa.*

CARLOS, *rindo-se* — Ah, ah, ah, agora veremos, e me pagarás... E minha tia também há de pagá-lo, para não se casar na sua idade e ser tão assanhada. E o menino, que não se contentava com uma!...

ROSA, *entrando* — Então, Reverendíssimo?

CARLOS — Então?

ROSA — Eu vi meu marido um instante e fugiu. Ouvi vozes de mulheres...

CARLOS — Ah, ouviu? Muito estimo. E sabe de quem eram essas vozes?

ROSA — Eu tremo de adivinhar...

CARLOS — Pois adivinhe logo de uma assentada... Eram da mulher de seu marido.

ROSA — É então verdade? Pérfido, traidor! Ah, desgraçada! *(Vai a cair desmaiada e Carlos a sustém nos braços.)*

CARLOS — Desmaiada! Sra. Dona Rosa? Fi-la bonita! Esta é mesmo de frade... Senhora, torne a si, deixe desses faniquitos! Olhe que aqui não há quem a socorra. Nada! E esta? Ó Juquinha? Juquinha? *(Juca entra, trazendo em uma mão um assobio de palha e tocando em outro.)* Deixa esses assobios sobre a mesa e vai lá dentro buscar alguma coisa para esta moça cheirar.

JUCA — Mas o quê, primo?

CARLOS — A primeira coisa que encontrares. *(Juca larga os assobios na mesa e sai correndo.)* Isto está muito bonito! Um frade com uma moça desmaiada nos braços. Valha-me Santo Antônio! O que diriam, se assim me vissem? *(Gritando-lhe ao ouvido:)* Olá! - Nada.

JUCA *entra montado a cavalo em um arco de pipa, trazendo um galheteiro* — Vim a cavalo para chegar mais depressa. Está o que achei.

CARLOS — Um galheteiro, menino?

JUCA — Não achei mais nada.

CARLOS — Está bom, dá cá o vinagre. *(Toma o vinagre e o chega ao nariz de Rosa.)* Não serve; está na mesma. Toma, ... Vejamos se o azeite faz mais efeito. Isto parece-me salada... Azeite e vinagre. Ainda está mal temperada; venha a pimenta da Índia. Agora creio que não falta nada. Pior é essa; a salada ainda não está boa! Ai, que não tem sal. Bravo, está temperada! Venha mais sal... Agora sim.

ROSA, *tornando a si* — Onde estou eu?

CARLOS — Nos meus braços.

ROSA, *afastando-se* — Ah, Reverendíssimo!

CARLOS — Não se assuste. *(Para Juca:)* Vai para dentro. *(Juca sai.)*

ROSA — Agora me recordo... Pérfido, ingrato!

CARLOS — Não torne a desmaiar, que já não posso.

ROSA — Assim enganar-me! Não há leis, não há justiça?...

CARLOS — Há tudo isso, e de sobra. O que não há é quem as execute. *(Rumor na rua.)*

ROSA, *assustando-se* — Ah!

CARLOS — O que será isto? *(Vai à janela.)* Ah, com São Pedro! *(À parte:)* O mestre de noviços seguido de meirinhos que me procuram... Não escapo...

ROSA — O que é, Reverendíssimo? De que se assusta?

CARLOS — Não é nada. *(À parte:)* Estou arranjado! *(Chega à janela.)* Estão indagando na vizinhança... O que farei?

ROSA — Mas o que é? O quê?

CARLOS, *batendo na testa* — Oh, só assim... *(Para Rosa:)* Sabe o que é isto?

ROSA — Diga.

CARLOS — É um poder de soldados e meirinhos que vem prendê-la por ordem de seu marido.

ROSA — Jesus! Salve-me, salve-me!

CARLOS — Hei de salvá-la; mas faça o que eu lhe disser.

ROSA — Estou pronta.

CARLOS — Os meirinhos entrarão aqui e hão de levar por força alguma coisa - esse é o seu costume. O que é preciso é enganá-los.

ROSA — E como?

CARLOS — Vestindo a senhora o meu hábito, e eu o seu vestido.

ROSA — Oh!

CARLOS — Levar-me-ão preso; terá a senhora tempo de fugir.

ROSA — Mas...

CARLOS — Ta, ta, ta .... Ande, deixe-me fazer uma obra de caridade; para isso é que somos frades. Entre para este quarto, dispa lá o seu vestido e mande-me, assim como a touca e xale. Ó Juca? Juca? *(Empurrando Rosa:)* Não se demore. *(Entra Juca.)* Juca, acompanha esta senhora e faze o que ela te mandar. Ande, senhora, com mil diabos! *(Rosa entra no quarto à esquerda, empurrada por Carlos.)*

## CENA XIV

CARLOS, *só* — Bravo, esta é de mestre! *(Chegando à janela:)* Lá estão eles conversando com o vizinho do armarinho, não tardarão a dar com o rato na ratoeira, mas o rato é esperto e os logrará. Então, vem o vestido?

ROSA, *dentro* — Já vai.

CARLOS — Depressa! O que me vale é ser o mestre de noviços catacego e trazer óculos. Cairá na esparrela. *(Gritando:)* Vem ou não?

JUCA *traz o vestido, touca e o xale* — Está.

CARLOS — Bom. *(Despe o hábito.)* Ora vá, senhor hábito. Bem se diz que o hábito não faz o monge. *(Dá o hábito e o chapéu a Juca.)* Toma, leva à moça. *(Juca sai.)* Agora é que são elas... Isto é mangas? Diabo, por onde se enfia esta geringonça? Creio que é por aqui...Bravo, acertei. Belíssimo! Agora a touca. *(Põe a touca.)* Vamos ao xale...Estou guapo; creio que farei a minha parte de mulher excelentemente. *(Batem na porta.)* São eles. *(Com voz de mulher:)* Quem bate?

MESTRE, *dentro* — Um servo de Deus.

CARLOS, *com a mesma voz* — Pode entrar quem é.

## CENA XV

*Carlos, Mestre de Noviços e três meirinhos.*

MESTRE — Deus esteja nesta casa.

CARLOS — Humilde serva de Vossa Reverendíssima...

MESTRE — Minha senhora, terá a bondade de perdoar-me pelo incômodo que lhe damos, mas nosso dever...

CARLOS — Incômodos, Reverendíssimo Senhor?

MESTRE — Vossa Senhoria há de permitir que lhe pergunte se o noviço Carlos, que fugiu do convento...

CARLOS — Psiu, caluda!

MESTRE — Hem?

CARLOS — Está ali...

MESTRE — Quem?

CARLOS — O noviço...

MESTRE — Ah!

CARLOS — É preciso surpreendê-lo...

MESTRE — Estes senhores oficiais de justiça nos ajudarão.

CARLOS — Muito cuidado. Este meu sobrinho dá-me um trabalho...

MESTRE — Ah, a senhora é sua tia?

CARLOS — Uma sua criada.

MESTRE — Tenho muita satisfação.

CARLOS — Não percamos tempo. Fiquem os senhores aqui do lado da porta, muito calados; eu chamarei o sobrinho. Assim que ele sair, não lhe deem tempo de fugir; lancem-se de improviso sobre ele e levem-no à força.

MESTRE — Muito bem.

CARLOS — Diga ele o que disser, grite como gritar, não façam caso, arrastem-no.

MESTRE — Vamos a isso.

CARLOS — Fiquem aqui. *(Coloca-os junto à porta da esquerda.)* Atenção. *(Chamando para dentro:)* Psiu! Psiu! Saia cá para fora, devagarinho! *(Prevenção.)*

## CENA XVI

*Os mesmos e Rosa vestida de frade e chapéu na cabeça.*

ROSA, *entrando* — Já se foram? *(Assim que ela aparece, o Mestre e os meirinhos se lançam sobre ela e procuram carregar até fora.)*

MESTRE — Está preso. Há de ir. É inútil resistir. Assim não se foge... *(Etc., etc.)*

ROSA, *lutando sempre* — Ai, ai, acudam-me! Deixem-me! Quem me socorre? *(Etc.)*

CARLOS — Levem-no, levem-no. *(Algazarra de vozes; todos falam ao mesmo tempo, etc. Carlos, para aumentar o ruído, toma um assobio que está sobre a mesa e toca. Juca também entra nessa ocasião, etc. Execução.)*

Fim do primeiro ato.

## ATO SEGUNDO

*A mesma sala do primeiro ato.*

### CENA I

*Carlos, ainda vestido de mulher, está sentado, e Juca à janela.*

CARLOS — Juca, toma sentido; assim que avistares teu padrasto lá no fim da rua, avisa-me.

JUCA — Sim, primo.

CARLOS — No que dará tudo isto? Qual será a sorte de minha tia? Que lição! Desanda tudo em muita pancadaria. E a outra, que foi para o convento?... Ah, ah, ah, agora é que me lembro dessa! Que confusão entre os frades, quando ela se der a conhecer! *(Levantando-se:)* Ah, ah, ah, parece-me que estou vendo o D. Abade horrorizado, o Mestre de Noviços limpando os óculos de boca aberta, Frei Maurício, o folgazão, a rir-se às gargalhadas, Frei Sinfrônio, o austero, levantando os olhos para o céu abismado, e os noviços todos fazendo roda, coçando o cachaço. Ah, que festa perco eu! Enquanto eu lá estive ninguém se lembrou de dar-me semelhante divertimento. Estúpidos! Mas, o fim de tudo isto? O fim?...

JUCA, *da janela* — Primo, aí vem ele!

CARLOS — Já? *(Chega à janela.)* É verdade. E com que pressa! *(Para Juca:)* Vai tu para dentro. *(Juca sai.)* E eu ainda deste modo, com este vestido... Se eu sei o que hei de fazer?... Sobe a escada... Dê no que der... *(Entra no quarto onde esteve Rosa.)*

## CENA II

*Entra Ambrósio; mostra no semblante alguma agitação.*

AMBRÓSIO — Lá as deixei no Carmo, Entretidas com o ofício, não darão falta de mim. É preciso, e quanto antes, que eu fale com esta mulher. É ela, não há dúvida... - Mas como soube que eu aqui estava? Quem lhe disse? Quem a trouxe? Foi o diabo, para a minha perdição. Em um momento pode tudo mudar; não se perca tempo. *(Chega à porta do quarto.)* Senhora, queira ter a bondade de sair cá para fora.

## CENA III

*Entra Carlos, cobrindo o rosto com um lenço. Ambrósio encaminha-se para o meio da sala, sem olhar para ele, e assim lhe fala.*

AMBRÓSIO — Senhora, muito bem conheço as vossas intenções; porém, previno-vos que muito vos enganásteis.

CARLOS, *suspirando* — Ai, ai!

AMBRÓSIO — Há seis anos que vos deixei; tive para isso motivos muito poderosos...

CARLOS, *à parte* — Que tratante!

AMBRÓSIO — E o meu silêncio depois desse tempo, devia ter-vos feito conhecer que nada mais existe de comum entre nós.

CARLOS, *fingindo que chora* — Hi, hi, hi...

AMBRÓSIO — O pranto não me comove. Jamais podemos viver juntos... Fomos casados, é verdade, mas que importa?

CARLOS, *no mesmo* — Hi, hi, hi...

AMBRÓSIO — Estou resolvido a viver separado de vós.

CARLOS, *à parte* — E eu também...

AMBRÓSIO — E para esse fim, empreguei todos os meios, todos, entendeis-me? *(Carlos cai de joelhos aos pés de Ambrósio, e agarra-se às pernas dele, chorando.)* Não valem súplicas. Hoje mesmo deixareis esta cidade; senão, serei capaz de um grande crime. O sangue não me aterra, e ai de quem me resiste! Levantai-vos e parti. *(Carlos puxa as pernas de Ambrósio, dá com ele no chão e levanta-se, rindo-se.)* Ai!

CARLOS — Ah, ah. ah!

AMBRÓSIO *levanta-se muito devagar, olhando muito admirado para Carlos, que se ri* — Carlos! Carlos!

CARLOS — Senhor meu tio! Ah, ah, ah!

AMBRÓSIO — Mas então o que é isto?

CARLOS — Ah, ah, ah!

AMBRÓSIO — Como te achas aqui assim vestido?

CARLOS — Este vestido, senhor meu tio... Ah, ah!

AMBRÓSIO — Maroto!

CARLOS — Tenha-se lá! Olhe que eu chamo por ela.

AMBRÓSIO — Ela quem, brejeiro?

CARLOS — Sua primeira mulher.

AMBRÓSIO — Minha primeira mulher? É falso.

CARLOS — É falso?

AMBRÓSIO — É.

CARLOS — E será também falsa esta certidão do vigário da freguesia de... *(Olhando para a certidão:)* Maranguape, no Ceará, em que se prova que o senhor meu tio recebeu-se... *(lendo:)* em santo matrimônio, à face da Igreja, com Dona Rosa Escolástica, filha de Antônio Lemos, etc., etc.? Sendo testemunhas, etc.

AMBRÓSIO — Dá-me esse papel!

CARLOS — Devagar...

AMBRÓSIO — Dá-me esse papel!

CARLOS — Ah, o senhor meu tio encrespa-se. Olhe que a tia não está em casa, e eu sou capaz de lhe fazer o mesmo que fiz ao Dom Abade.

AMBRÓSIO — Aonde está ela?

CARLOS — Em lugar que aparecerá quando eu ordenar.

AMBRÓSIO — Ainda está naquele quarto; não teve tempo de sair.

CARLOS — Pois vá ver. *(Ambrósio sai apressado.)*

## CENA IV

CARLOS, *só* — Procure bem. Deixa estar, meu espertalhão, que agora te hei de eu apertar a corda na garganta. Estais em meu poder; queres roubar-nos... *(Gritando:)* Procure bem; talvez esteja dentro das gavetinhas do espelho. Então? Não acha?

## CENA V

*O mesmo e Ambrósio.*

AMBRÓSIO, *entrando* — Estou perdido!

CARLOS — Não achou?

AMBRÓSIO — O que será de mim?

CARLOS — Talvez se escondesse em algum buraquinho de rato.

AMBRÓSIO, *caindo sentado* — Estou perdido, perdido! Em um momento tudo se transtornou. Perdido para sempre!

CARLOS — Ainda não, porque eu posso salvá-lo.

AMBRÓSIO — Tu?

CARLOS — Eu, sim.

AMBRÓSIO — Carlinho!

CARLOS — Já?

AMBRÓSIO — Carlinho!

CARLOS — Ora vejam como está terno!

AMBRÓSIO — Por tua vida, salvai-me!

CARLOS — Eu salvarei, mas debaixo de certas condições...

AMBRÓSIO — E quais são elas?

CARLOS — Nem eu nem o primo Juca queremos ser frades...

AMBRÓSIO — Não serão.

CARLOS — Quero casar-me com minha prima...

AMBRÓSIO — Casarás.

CARLOS — Quero a minha legítima...

AMBRÓSIO — Terás a tua legítima.

CARLOS — Muito bem.

AMBRÓSIO — E tu me prometes que nada dirás à tua tia do que sabes?

CARLOS — Quanto a isso pode estar certo. *(À parte:)* Veremos...

AMBRÓSIO — Agora dize-me, onde ela está?

CARLOS — Não posso, o segredo não é meu.

AMBRÓSIO — Mas dá-me a tua palavra de honra que ela saiu desta casa?

CARLOS — Já saiu, palavra de mulher honrada.

AMBRÓSIO — E que nunca mais voltará?

CARLOS — Nunca mais. *(À parte:)* Isto é, se quiserem ficar com ela lá no convento, em meu lugar.

AMBRÓSIO — Agora dá-me esse papel.

CARLOS — Espere lá; o negócio não vai assim. Primeiro hão de cumprir-se as condições.

AMBRÓSIO — Carlinho, dá-me esse papel!

CARLOS — Não pode ser.

AMBRÓSIO — Dá-mo, por quem és!

CARLOS — Pior é a seca.

AMBRÓSIO — Eis-me a teus pés. *(Ajoelha-se; nesse mesmo tempo aparece à porta Florência e Emília, as quais caminham para ele pé ante pé.)*

CARLOS — Isso é teima, levante-se.

AMBRÓSIO – Não me levantarei enquanto não mo deres. Para que o queres tu? Farei tudo quanto quiseres, nada me custará, parar servir-te. Minha mulher fará tudo quanto ordenares; dispõe dela.

FLORÊNCIA — A senhora pode dispor de mim, pois não...

AMBRÓSIO — Ah! *(Levanta-se espavorido.)*

CARLOS, *à parte* — Temo-la!...

FLORÊNCIA, *para Ambrósio* — Que patifaria é essa? Em minha casa e às minhas barbas, aos pés de uma mulher! Muito bem!

AMBRÓSIO — Florência!

FLORÊNCIA — Um dardo que te parta! *(Voltando-se para Carlos:)* E quem é a senhora?

CARLOS, *com a cara baixa* — Sou uma desgraçada!

FLORÊNCIA — Ah, é uma desgraçada... Seduzindo um homem casado! Não sabe que... *(Carlos que encara com ela, que rapidamente tem suspendido a palavra e, como assombrada, principia a olhar para ele, que se ri.)* Carlos! Meu sobrinho!

EMÍLIA — O primo!

CARLOS — Sim, tiazinha; sim, priminha.

FLORÊNCIA — Que mascarada é essa?

CARLOS — É uma comédia que ensaiávamos para Sábado de Aleluia.

FLORÊNCIA — Uma comédia?

AMBRÓSIO — Sim, era uma comédia, um divertimento, uma surpresa. Eu e o sobrinho arranjávamos isso... Bagatela, não é assim, Carlinho? Mas então vocês não ouviram o ofício até o fim? Quem pregou?

FLORÊNCIA, à parte — Isto não é natural... Aqui há coisa.

AMBRÓSIO — A nossa comédia era mesmo sobre isso.

FLORÊNCIA — O que está o senhor a dizer?

CARLOS, à parte — Perdeu a cabeça. *(Para Florência:)* Tia, basta que saiba que era uma comédia. E antes de principiar o ensaio o tio deu-me a sua palavra que eu não seria frade. Não é verdade, tio?

AMBRÓSIO — É verdade. O rapaz não tem inclinação, e para que obrigá-lo? Seria crueldade.

FLORÊNCIA — Ah!

CARLOS — E que a prima não seria também freira, e que se casaria comigo.

FLORÊNCIA — É verdade, Sr. Ambrósio?

AMBRÓSIO — Sim, para que constranger estas duas almas? Nasceram um para o outro; amam-se. É tão bonito ver um tão lindo par!

FLORÊNCIA — Mas, Sr. Ambrósio, e o mundo, que o senhor dizia que era um pélago, um sorvedouro e não sei o que mais?

AMBRÓSIO — Oh, então eu não sabia que estes dois pombinhos se amavam, mas agora que o sei, seria horrível barbaridade. Quando se fecham as portas de um convento sobre um homem, ou sobre uma mulher que leva dentro do peito uma paixão como ressentem estes dois inocentes, torna-se o convento abismo incomensurável de acerbos males, fonte perene de horríssonas desgraças, perdição do corpo e da alma; e o mundo, se neles ficassem, jardim ameno, suave encanto da vida, tranquila paz da inocência, paraíso terrestre. E assim sendo, mulher, quererias tu que sacrificasse tua filha e teu sobrinho?

FLORÊNCIA — Oh, não, não.

CARLOS, à parte — Que grande patife!

AMBRÓSIO — Tua filha, que faz parte de ti?

FLORÊNCIA — Não falemos mais nisso. O que fizeste está muito bem-feito.

CARLOS — E em reconhecimento de tanta bondade, faço cessão de metade dos meus bens em favor do senhor meu tio e aqui lhe dou a escritura. *(Dá-lhe a certidão de Rosa.)*

AMBRÓSIO, *saltando para tomar a certidão* — Caro sobrinho! *(Abraça-o.)* E eu, para mostrar o meu desinteresse, rasgo esta escritura. *(Rasga, e à parte:)* Respiro!

FLORÊNCIA — Homem generoso! *(Abraça-o.)*

AMBRÓSIO, *abraçando-a e à parte* — Mulher toleirona!

CARLOS, *abraçando Emília* — Isto vai de roda...

EMÍLIA — Primo!

CARLOS — Priminha, seremos felizes!

FLORÊNCIA — Abençoada seja a hora em que eu te escolhi para meu esposo! Meus caros filhos, aprendei comigo a guiar-vos com prudência na vida. Dois anos estive viúva e não me faltaram pretendentes. Viúva rica... Ah, são vinte cães a um osso. Mas eu tive juízo e critério; soube distinguir o amante interesseiro do amante sincero. Meu coração falou por este homem honrado e probo.

CARLOS — Acertadíssima escolha!

FLORÊNCIA — Chega-te para cá, Ambrosinho, não te envergonhes; mereces os elogios que te faço.

AMBRÓSIO, *à parte* — Estou em brasas...

CARLOS — Não se envergonhe, tio, Os elogios são merecidos. *(À parte:)* Está em talas...

FLORÊNCIA — Ouves o que diz o sobrinho? Tens modéstia? É mais uma qualidade. Como sou feliz!

AMBRÓSIO — Acabemos com isso. Os elogios assim à queima-roupa perturbam-me.

FLORÊNCIA — Se os mereces...

AMBRÓSIO — Embora.

CARLOS — Oh, o tio os merece, pois não. Olhe, tia, aposto eu que o tio Ambrósio em toda a sua vida só tem amado a tia...

AMBRÓSIO — Decerto! *(À parte:)* Quer fazer-me alguma.

FLORÊNCIA — Ai, vida da minha alma!

AMBRÓSIO, *à parte* — O patife é muito capaz...

CARLOS — Mas nós, os homens, somos tão falsos - assim dizem as mulheres -, que não admira que o tio...

AMBRÓSIO, *interrompendo-o* — Carlos, tratemos da promessa que te fiz.

CARLOS – É verdade; tratemos da promessa. *(À parte:)* Tem medo, que se pela!

AMBRÓSIO — Irei hoje mesmo ao convento falar ao D. Abade, e dir-lhe-ei que temos mudado de resolução a teu respeito. E de hoje a quinze dias, senhora, espero ver esta sala brilhantemente iluminada e cheia de alegres convidados para celebrarem o casamento de nosso sobrinho Carlos com minha cara enteada. *(Aqui entra pelo fundo o Mestre dos noviços, seguido dos meirinhos e permanentes, encaminhando-se para a frente do teatro.)*

CARLOS — Enquanto assim praticardes, tereis em mim um amigo.

EMÍLIA — Senhor, ainda que não possa explicar a razão de tão súbita mudança, aceito a felicidade que me propondes, sem raciocinar. Darei a minha mão a Carlos, não só para obedecer a minha mãe, como porque muito o amo.

CARLOS — Cara priminha, quem será capaz agora de arrancar-me de teus braços?

MESTRE, batendo-lhe no ombro - Estais preso. *(Espanto dos que estão em cena.)*

## CENA VI

CARLOS — O que é lá isso? *(Debatendo-se logo que o agarram.)*

MESTRE — Levai-o.

CARLOS — Deixem-me!

FLORÊNCIA — Reverendíssimo, meu sobrinho...

MESTRE — Paciência, senhora. Levem-no.

CARLOS, *debatendo-se* — Larguem-me, com todos os diabos!

EMÍLIA — Primo!

MESTRE — Arrastem-no.

AMBRÓSIO — Mas, senhor...

MESTRE — Um instante ...Para o convento, para o convento.

CARLOS — Minha tia, tio Ambrósio! *(Sai arrastado. Emília cai sentada em uma cadeira; o Padre-Mestre fica em cena.)*

## CENA VII

*Ambrósio, Mestre de Noviços, Florência e Emília.*

FLORÊNCIA — Mas senhor, isto é uma violência!

MESTRE — Paciência...

FLORÊNCIA — Paciência, paciência? Creio que tenho tido bastante. Ver assim arrastar meu sobrinho, como se fosse um criminoso?

AMBRÓSIO — Espera, Florência, ouçamos o Reverendíssimo. Foi, sem dúvida, por ordem do Sr. Dom Abade que Vossa Reverendíssima veio prender nosso sobrinho?

MESTRE — Não tomara sobre mim tal trabalho, se não fora por expressa ordem do Dom Abade, a quem devemos todos obediência. Vá ouvindo como esse moço zombou de seu mestre. Disse-me a tal senhora, pois tal a supunha eu... Ora, fácil foi enganar-me... Além de ter má vista, tenho muito pouca prática de senhoras...

AMBRÓSIO — Sabemos disso.

MESTRE — Disse-me a tal senhora que o noviço Carlos estava naquele quarto.

AMBRÓSIO — Naquele quarto?

MESTRE — Sim senhor, e ali mandou-nos esperar em silêncio. Chamou pelo noviço, e assim que ele saiu lançamo-nos sobre ele e à força o arrastamos para o convento.

AMBRÓSIO, *assustado* — Mas a quem, senhor, a quem?

MESTRE — A quem?

FLORÊNCIA — Que trapalhada é essa?

AMBRÓSIO — Depressa!

MESTRE — Cheguei ao convento, apresentei-me diante do D. Abade, com o noviço prisioneiro, e então... Ah!

AMBRÓSIO — Por Deus, mais depressa!

MESTRE — Ainda me coro de vergonha. Então conheci que tinha sido vilmente enganado.

AMBRÓSIO — Mas quem era o noviço preso?

MESTRE — Uma mulher vestida de frade.

FLORÊNCIA — Uma mulher?

AMBRÓSIO, *à parte* — É ela!

MESTRE — Que vergonha, que escândalo!

AMBRÓSIO — Mas onde está essa mulher? Para onde foi? O que disse? Onde está? Responda!

MESTRE — Tende paciência. Pintar-vos a confusão em que por alguns instantes esteve o convento, é quase impossível. O Dom Abade, ao conhecer que o noviço preso era uma mulher, pelos longos cabelos que ao tirar o chapéu lhe caíram sobre os ombros, deu um grito de horror. Toda a comunidade acorreu e grande foi então a confusão. Um gritava: Sacrilégio! Profanação! Outro ria-se; este interrogava; aquele respondia ao acaso... Em menos de dois segundos a notícia percorreu todo o convento, mas alterada e aumentada. No refeitório dizia-se que o diabo estava no coro, dentro dos canudos do órgão; na cozinha julgava-se que o fogo lavrava nos quatro ângulos do edifício; qual, pensava que Dom Abade tinha caído da torre abaixo; qual, que fora arrebatado para o céu. Os sineiros, correndo para as torres, puxavam como energúmenos pelas cordas dos sinos; os porteiros fecharam as portas com horrível estrondo: os responsos soaram de todos os lados, e a algazarra dos noviços dominava esse ruído infernal, causado por uma única mulher. Oh, mulheres!

AMBRÓSIO — Vossa Reverendíssima faz o seu dever; estou disso bem certo.

FLORÊNCIA — Mas julgamos necessário declarar a Vossa Reverendíssima que estamos resolvidos a tirar nosso sobrinho do convento.

MESTRE — Nada tenho eu com essa resolução. Vossa Senhoria entender-se-á a esse respeito com o Dom Abade.

FLORÊNCIA — O rapaz não tem inclinação nenhuma para frade.

AMBRÓSIO — E seria uma crueldade violentar-lhe o gênio.

MESTRE — O dia em que o Sr. Carlos sair do convento será para mim dia de descanso. Há doze anos que sou mestre de noviços e ainda não tive para doutrinar rapaz mais endiabrado. Não se passa um só dia em que se não tenha de lamentar alguma travessura desse moço. Os noviços, seus companheiros, os irmãos leigos e os domésticos do convento temem-no como se teme a um touro bravo. Com todos moteja e a todos espanca.

FLORÊNCIA — Foi sempre assim, desde pequeno.

MESTRE — E se o conheciam, senhores, para que o obrigaram a entrar no convento, a seguir uma vida em que se requer tranquilidade de gênio?

FLORÊNCIA — Oh, não foi por meu gosto; meu marido é que persuadiu-me.

AMBRÓSIO, *com hipocrisia* — Julguei assim fazer um serviço agradável a Deus.

MESTRE — Deus, senhores, não se compraz com sacrifícios alheios.

Sirva-o cada um com seu corpo e alma, porque cada um responderá pelas suas obras.

AMBRÓSIO, *com hipocrisia* — Pequei, Reverendíssimo, pequei; humilde peço perdão.

MESTRE — Esse moço foi violentamente constrangido e o resultado é a confusão em que está a casa de Deus.

FLORÊNCIA — Mil perdões, Reverendíssimo, pelo incômodo que lhe temos dado.

MESTRE — Incômodos? Para eles nascemos nós... passam desapercebidos, e demais, ficam de muros para dentro. Mas hoje houve escândalo, e escândalo público.

AMBRÓSIO — Escândalo público?

FLORÊNCIA — Como assim?

MESTRE — O noviço Carlos, depois de uma contenda com o Dom Abade, deu-lhe uma cabeçada e o lançou por terra.

FLORÊNCIA — Jesus, Maria, José!

AMBRÓSIO — Que sacrilégio!

MESTRE — E fugiu ao merecido castigo. Fui mandado em seu alcance... Requisitei força pública, e aqui chegando, encontrei uma senhora.

FLORÊNCIA — Aqui, uma senhora?

MESTRE — E que se dizia sua tia.

FLORÊNCIA — Ai!

AMBRÓSIO — Era ele mesmo.

FLORÊNCIA — Que confusão, meu Deus!

AMBRÓSIO — Mas essa mulher, essa mulher? O que é feito dela?

MESTRE — Uma hora depois, que tanto foi preciso para acalmar a agitação, o Dom Abade perguntou-lhe como ela ali se achava vestida com o hábito da Ordem.

AMBRÓSIO — E ela que disse?

MESTRE — Que tinha sido traída por um frade, que debaixo do pretexto de a salvar, trocara o seu vestido pelo hábito que trazia.

AMBRÓSIO — E nada mais?

MESTRE — Nada mais; e fui encarregado de prender de novo a todo o custo o noviço Carlos. E tenho cumprido a minha missão. O que ordenam a este servo de Deus?

AMBRÓSIO — Espere, Reverendíssimo, essa mulher já saiu do convento?

MESTRE — No convento não se demoram mulheres.

AMBRÓSIO — Que caminho tomou? Para onde foi? O que disse ao sair?

MESTRE — Nada sei.

AMBRÓSIO, *à parte* — O que me espera?

FLORÊNCIA, *à parte* — Aqui há segredo...

MESTRE — Às vossas determinações...

FLORÊNCIA — Uma serva de Vossa Reverendíssima.

MESTRE, *para Florência* — Quanto à saída de seu sobrinho do convento, com o Dom Abade se entenderá.

FLORÊNCIA — Nós o procuraremos. *(Mestre sai e Florência acompanha-o até à porta; Ambrósio está como abismado.)*

## CENA VIII

*Emília, Ambrósio e Florência.*

EMÍLIA, *à parte* — Carlos, Carlos, o que será de ti e de mim?

AMBRÓSIO, *à parte* — Se ela agora aparece! Se Florência desconfia... Estou metido em boas! Como evitar, como? Oh, decididamente estou perdido. Se a pudesse encontrar... Talvez súplicas, ameaças, quem sabe? Já não tenho cabeça. Que farei? De uma hora para outra aparece-me ela... *(Florência bate-lhe no ombro.)* Ei-la! *(Assustando-se.)*

FLORÊNCIA — Agora nós. *(Para Emília:)* Menina, vai para dentro. *(Vai-se Emília)*

## CENA IX

*Ambrósio e Florência.*

AMBRÓSIO, *à parte* — Temos trovoada grossa...

FLORÊNCIA — Quem era a mulher que estava naquele quarto?

AMBRÓSIO — Não sei.

FLORÊNCIA — Sr. Ambrósio, quem era a mulher que estava naquele quarto?

AMBRÓSIO — Florência, já te disse, não sei. São coisas de Carlos.

FLORÊNCIA — Sr. Ambrósio, quem era a mulher que estava naquele quarto?

AMBRÓSIO — Como queres que eu to diga, Florencinha?

FLORÊNCIA — Ah, não sabe? Pois bem, então explique-me: por que razão mostrou-se tão espantado, quando Carlos o levou à porta daquele quarto e mostrou-lhe quem estava dentro?

AMBRÓSIO — Pois eu espantei-me?

FLORÊNCIA — A ponto de levar-me quase de rastos para a igreja, sem chapéu, lá deixar-me e voltar para casa apressado.

AMBRÓSIO — Qual! Foi por...

FLORÊNCIA — Não estude uma mentira, diga depressa.

AMBRÓSIO — Pois bem, direi. Eu conheço essa mulher.

FLORÊNCIA — Ah! E então quem é ela?

AMBRÓSIO — Queres saber quem é ela? É muito justo, mas aí é que está o segredo.

FLORÊNCIA — Segredos comigo?

AMBRÓSIO — Oh, contigo não pode haver segredo, és a minha mulherzinha. *(Quer abraçá-la.)*

FLORÊNCIA — Tenha-se lá; quem era a mulher?

AMBRÓSIO, *à parte* — Não sei o que lhe diga...

FLORÊNCIA — Vamos!

AMBRÓSIO — Essa mulher... Sim, essa mulher que há pouco estava naquele quarto, foi amada por mim.

FLORÊNCIA — Por ti?

AMBRÓSIO — Mas nota que digo: foi amada; e o que foi, já não é.

FLORÊNCIA — Seu nome?

AMBRÓSIO — Seu nome? Que importa o nome? O nome é uma voz com que se dão a conhecer as coisas... Nada vale; o indivíduo é tudo... Tratemos do indivíduo. *(À parte:)* Não sei como continuar.

FLORÊNCIA — Então, e que mais?

AMBRÓSIO — Amei a essa mulher. Amei, sim, amei. Essa mulher foi por mim amada, mas então ainda não te conhecia. Oh, e quem ousará criminar a um homem por embelezar-se de uma estrela antes de ver a lua, quem? Ela era a estrela e tu és a lua. Sim, minha Florencinha, tu és a minha lua cheia e eu sou teu satélite.

FLORÊNCIA — Oh, não me convence assim...

AMBRÓSIO, *à parte* — O diabo que convença a uma mulher! *(Alto:)* Florencinha, encanto da minha vida, estou diante de ti como diante do confessionário, com uma mão sobre o coração e com a outra... Onde queres que ponha a outra?

FLORÊNCIA — Ponha lá aonde quiser...

AMBRÓSIO — Pois bem, com ambas sobre o coração, dir-te-ei: só tu és o meu único amor, minhas delícias, minha vida... *(À parte:)* e minha burra!

FLORÊNCIA — Se eu pudesse acreditar!...

AMBRÓSIO — Não podes porque não queres. Basta um bocado de

boa vontade. Se fiquei aterrorizado ao ver essa mulher, foi por prever os desgostos que terias, se aí a visses.

FLORÊNCIA — Se teme que eu a veja, é porque ainda a ama.

AMBRÓSIO — Amá-la, eu? Ah, desejava que ela estivesse mais longe de mim do que o cometa que apareceu o ano passado.

FLORÊNCIA — Oh, meu Deus, se eu pudesse crer!

AMBRÓSIO, *à parte* — Está meia convencida...

FLORÊNCIA — Se eu o pudesse crer! *(Rosa entra vestida de frade, pelo fundo, para e observa.)*

AMBRÓSIO, *com animação* — Estes raios brilhantes e aveludados de teus olhos ofuscam o seu olhar acanhado e esgateado. Estes negros e finos cabelos varrem da minha ideia as suas emaranhadas das melenas cor de fogo. Esta mãozinha torneada *(pega-lhe na mão)*, este colo gentil, esta cintura flexível e delicada faz-me esquecer os grosseiros encantos dessa mulher que... *(Nesse momento dá com os olhos em Rosa; vai recuando pouco a pouco.)*

FLORÊNCIA — O que tens? De que te espantas?

ROSA, *adiantando-se* — Senhora, este homem pertence-me.

FLORÊNCIA — E quem é Vossa Reverendíssima?

ROSA, *tirando o chapéu, que faz cair os cabelos* — Sua primeira mulher.

FLORÊNCIA — Sua primeira mulher?

ROSA, *dando-lhe a certidão* — Leia. *(Para Ambrósio:)* Conheceis-me, senhor? Há seis anos que não nos vemos, e quem diria que assim nos encontraríamos? Nobre foi o vosso proceder!... Oh, para que não enviastes um assassino para esgotar o sangue destas veias e arrancar a alma deste corpo? Assim devíeis ter feito, porque então eu não estaria aqui para vingar-me, traidor!

AMBRÓSIO, *à parte* — O melhor é deitar a fugir. *(Corre para o fundo. Prevenção.)*

ROSA — Não o deixem fugir! *(Aparecem à porta meirinhos, os quais prendem Ambrósio.)*

MEIRINHO — Está preso!

AMBRÓSIO — Ai! *(Corre por toda a casa, etc. Enquanto isto se passe, Florência tem lido a certidão.)*

FLORÊNCIA — Desgraçada de mim, estou traída! Quem me socorre? *(Vai para sair, encontra-se com Rosa.)* Ah, para longe, para longe de mim! *(Recuando.)*

ROSA — Senhora, a quem pertencerá ele? *(Execução.)*

Fim do segundo ato.

## ATO TERCEIRO

*Quarto em casa de Florência: mesa, cadeiras, etc., etc., armário, uma cama grande com cortinados, uma mesa pequena com um castiçal com vela acesa. É noite.*

### CENA I

*Florência deitada, Emília sentada junto dela, Juca vestido de calça, brincando com um carrinho pela sala.*

FLORÊNCIA — Meu Deus, meu Deus, que bulha faz este menino!

EMÍLIA — Maninho, estais fazendo muita bulha a mamãe...

FLORÊNCIA — Minha cabeça! Vai correr lá para dentro...

EMÍLIA — Anda, vai para dentro, vai para o quintal. *(Juca sai com o carrinho.)*

FLORÊNCIA — Parece que me estala a cabeça... São umas marteladas aqui nas fontes. Ai, que não posso! Morro desta!...

EMÍLIA — Minha mãe, não diga isso, seu incômodo passará.

FLORÊNCIA — Passará? Morro, morro... *(Chorando:)* Hi... *(Etc.)*

EMÍLIA — Minha mãe!

FLORÊNCIA, *chorando* — Ser assim traída, enganada! Meu Deus, quem pode resistir? Hi, hi!

EMÍLIA — Para que tanto se aflige? Que remédio? Ter paciência e resignação.

FLORÊNCIA — Um homem em quem havia posto toda a minha confiança, que eu tanto amava... Emília, eu o amava muito!

EMÍLIA, *à parte* — Coitada!

FLORÊNCIA — Enganar-me deste modo! Tão indignamente, casado com outra mulher. Ah, não sei como não arrebento...

EMÍLIA — Tranquilize-se, minha mãe.

FLORÊNCIA — Que eu supunha desinteressado... Entregar-lhe todos os meus bens, assim iludir-me... Que malvado, que malvado!

EMÍLIA — São horas de tomar o remédio. *(Toma urna garrafa de remédio, deita-o em uma xícara e dá a Florência.)*

FLORÊNCIA — Como os homens são falsos! Uma mulher não era capaz de cometer ação tão indigna. O que é isso?

EMÍLIA — O cozimento que o doutor receitou.

FLORÊNCIA — Dá cá. *(Bebe.)* Ora, de que servem esses remédios? Não fico boa; a ferida é no coração...

EMÍLIA — Há de curar-se.

FLORÊNCIA — Olha, filha, quando eu vi diante de mim essa mulher, senti uma revolução que te não sei explicar... um atordoamento, uma zoada, que há oito dias me tem pregado nesta cama.

EMÍLIA — Eu estava no meu quarto, quando ouvi gritos na sala. Saí apressada e no corredor encontrei-me com meu padrasto...

FLORÊNCIA — Teu padrasto?

EMÍLIA — ... que passando como uma flecha por diante de mim, dirigiu-se para o quintal, e saltando o muro, desapareceu. Corri para a sala...

FLORÊNCIA — E aí encontraste-me banhada em lágrimas. Ela já tinha saído, depois de ameaçar-me. Ah, mas eu hei de ficar boa para vingar-me!

EMÍLIA — Sim, é preciso ficar boa, para vingar-se.

FLORÊNCIA — Hei de ficar. Não vale a pena morrer por um traste daquele!

EMÍLIA — Que dúvida!

FLORÊNCIA — O meu procurador disse-me que o tratante está escondido, mas que já há mandado de prisão contra ele. Deixa estar. Enganar-me, obrigar-me a que te fizesse freira, constranger a inclinação de Carlos...

EMÍLIA — Oh, minha mãe, tenha pena do primo... O que não terá ele sofrido, coitado!

FLORÊNCIA — Já esta manhã mandei falar ao Dom Abade por pessoa de consideração, e além disso, tenho uma carta que lhe quero remeter, pedindo-lhe que me faça o obséquio de aqui mandar um frade respeitável para de viva voz tratar comigo este negócio.

EMÍLIA — Sim, minha boa mãezinha.

FLORÊNCIA — Chama o José.

EMÍLIA, *chamando* — José? José? E a mamãe julga que o primo poderá estar em casa hoje?

FLORÊNCIA — És muito impaciente... Chama o José.

EMÍLIA — José?

## CENA II

*As mesmas e José.*

JOSÉ — Minha senhora...

FLORÊNCIA — José, leva esta carta ao convento. Onde está o Sr. Carlos, sabes?

JOSÉ — Sei, minha senhora.

FLORÊNCIA — Procura pelo Sr. Dom Abade, e lha entrega de minha parte.

JOSÉ — Sim, minha senhora.

EMÍLIA — Depressa! *(Sai José.)*

FLORÊNCIA — Ai, ai!

EMÍLIA — Tomara vê-lo já!

FLORÊNCIA — Emília, amanhã lembra-me para pagar as soldadas que devemos ao José e despedi-lo do nosso serviço. Foi metido aqui em casa pelo tratante, e só por esse fato já desconfio dele... Lé com lé, cré com cré... Nada; pode ser algum espião que tenhamos em casa...

EMÍLIA — Ele parece-me bom moço.

FLORÊNCIA — Também o outro parecia-me bom homem. Já não me fio em aparências.

EMÍLIA — Tudo pode ser.

FLORÊNCIA — Vai ver aquilo lá por dentro como anda, que minhas escravas pilhando-me de cama fazem mil diabruras.

EMÍLIA — E fica só?

FLORÊNCIA — Agora estou melhor, e se precisar de alguma coisa, tocarei a campainha. *(Sai Emília.)*

## CENA III

FLORÊNCIA, *só* — Depois que mudei a cama para este quarto que foi do sobrinho Carlos, passo melhor... No meu, todos os objetos faziam-me recordar aquele pérfido. Ora, os homens são capazes de tudo, até de terem duas mulheres... E três, e quatro, e duas dúzias... Que demônios! Há oito dias que estou nesta cama; antes tivesse morrido. E ela, essa mulher infame, onde estará? E outra que tal... Oh, mas que culpa tem ela? Mais tenho eu, já que fui tão tola, tão tola, que casei-me sem indagar quem ele era. Queira Deus que este exemplo aproveite a muitas incautas! Patife, agora anda escondido... Ai, estou cansada... *(Deita-se.)* Mas não escapará da cadeia... seis anos de cadeia... assim me disse o procurador. Ai, minha cabeça! Se eu pudesse dormir um pouco. Ai, ai, as mulheres neste mundo... estão sujeitas... a... muito... ah! *(Dorme.)*

## CENA IV

*Carlos entra pelo fundo, apressado; traz o hábito roto e sujo.*

CARLOS — Não há grades que me prendam, nem muros que me retenham. Arrombei grades, saltei muros e eis-me aqui de novo. E lá deixei parte do hábito, esfolei os joelhos e as mãos. Estou em belo estado! Ora, para que teimam comigo? Por fim, lanço fogo ao convento e morrem todos os frades assados, e depois queixem-se. Estou no meu antigo quarto, ninguém me viu entrar. Ah, que cama é esta? É da tia... Estará... Ah, é ela... e dorme... Mudou de quarto? O que se terá passado nesta casa há oito dias? Estive preso, incomunicável, a pão e água. Ah, frades! Nada sei. O que será feito da primeira mulher do senhor meu tio, desse grande patife? Onde estará a prima? Como dorme! Ronca que é um regalo! *(Batem palmas.)* Batem! Serão eles, não tem dúvida. Eu acabo por matar um frade...

MESTRE, *dentro* — Deus esteja nesta casa.

CARLOS — É o padre-mestre! Já deram pela minha fugida...

MESTRE, *dentro* — Dá licença?

CARLOS — Não sou eu decerto que te hei de dar. Escondemo-nos, mas de modo que ouça o que ele... Debaixo da cama... *(Esconde-se.)*

MESTRE, *dentro, batendo com força* — Dá licença?

FLORÊNCIA, *acordando* — Quem é? Quem é?

MESTRE, *dentro* — Um servo de Deus.

FLORÊNCIA — Emília? Emília? *(Toca a campainha.)*

## CENA V

*Entra Emília.*

EMÍLIA — Minha mãe...

FLORÊNCIA — Lá dentro estão todos surdos? Vai ver quem está na escada batendo. *(Emília sai pelo fundo.)* Acordei sobressaltada... Estava sonhando que o meu primeiro marido enforcava o segundo, e era muito bem enforcado...

## CENA VI

*Entra Emília com o Padre-Mestre.*

EMÍLIA — Minha mãe, é o Sr. Padre-Mestre. *(À parte:)* Ave de agouro!

FLORÊNCIA — Ah!

MESTRE — Desculpe-me, minha senhora.

FLORÊNCIA — O Padre-Mestre é que me há de desculpar se assim o recebo. *(Senta-se na cama.)*

MESTRE — Oh, esteja a seu gosto. Já por lá sabe-se dos seus incômodos. Toda a cidade o sabe. Tribulações deste mundo...

FLORÊNCIA — Emília, oferece uma cadeira ao Reverendíssimo.

MESTRE — Sem incômodo. *(Senta-se.)*

FLORÊNCIA — O Padre-Mestre veio falar comigo por mandado do Sr. Dom Abade?

MESTRE — Não, minha senhora.

FLORÊNCIA — Não? Pois eu lhe escrevi.

MESTRE — Aqui venho pelo mesmo motivo que já vim duas vezes.

FLORÊNCIA — Como assim?

MESTRE — Em procura do noviço Carlos. Ah, que rapaz!

FLORÊNCIA — Pois tornou a fugir?

MESTRE — Se tornou! É indomável! Foi metido no cárcere a pão e água.

EMÍLIA — Desgraçado!

MESTRE — Ah, a menina lastima-o? Já me não admira que ele faça o que faz.

FLORÊNCIA — O Padre-Mestre dizia...

MESTRE — Que estava no cárcere a pão e água, mas o endemoninhado arrombou as grades, saltou na horta, vingou o muro da cerca que deita para a rua e pôs-se a panos.

FLORÊNCIA — Que doido! E para onde foi?

MESTRE — Não sabemos, mas julgamos que para aqui se dirigiu.

FLORÊNCIA — Posso afiançar a Vossa Reverendíssima que por cá ainda não apareceu. *(Carlos bota a cabeça de fora e puxa pelo vestido de Emília.)*

EMÍLIA, *assustando-se* — Ai!

FLORÊNCIA — O que é, menina?

MESTRE, *levantando-se* — O que foi?

EMÍLIA, *vendo Carlos* — Não foi nada, não senhora... Um jeito que dei no pé.

FLORÊNCIA — Tem cuidado. Assente-se, Reverendíssimo. Mas como lhe dizia, o meu sobrinho cá não apareceu; desde o dia que o Padre-Mestre o levou preso ainda o não vi. Não sou capaz de faltar à verdade.

MESTRE — Oh, nem tal suponho. E demais, Vossa Senhoria, como boa parenta que é, deve contribuir para a sua correção. Esse moço tem revolucionado todo o convento, e é preciso um castigo exemplar.

FLORÊNCIA — Tem muita razão; mas eu já mandei falar ao Sr. Dom Abade para que meu sobrinho saísse do convento.

MESTRE — E o Dom Abade está a isso resolvido. Nós todos nos temos empenhado. O Sr. Carlos faz-nos loucos... Sairá do convento; porém antes será castigado.

CARLOS — Veremos...

FLORÊNCIA, *para Emília* — O que é?

EMÍLIA — Nada, não senhora.

MESTRE — Não por ele, que estou certo de que não se emendará, mas para exemplo dos que lá ficam. Do contrário, todo o convento abalava.

FLORÊNCIA — Como estão resolvidos a despedir meu sobrinho do convento, e o castigo que lhe querem impor é tão-somente exemplar, e ele precisa um pouco, dou minha palavra a Vossa Reverendíssima que assim que ele aqui aparecer, mandarei agarrá-lo e levar para o convento.

CARLOS — Isso tem mais que se lhe diga...

MESTRE, *levantando-se* — Mil graças, minha senhora.

FLORÊNCIA — Isto mesmo terá a bondade de dizer ao Sr. Dom Abade, a cujas orações me recomendo.

MESTRE — Serei fiel cumpridor. Dá-me as suas determinações.

FLORÊNCIA — Emília, conduz o Padre-Mestre.

MESTRE, *para Emília* — Minha menina, muito cuidado com o senhor seu primo. Não se fie nele; julgo capaz de tudo. *(Sai.)*

EMÍLIA, *voltando* — Vá encomendar defuntos!

## CENA VII

*Emília, Florência, e Carlos debaixo da cama.*

FLORÊNCIA — Então, que te parece teu primo Carlos? É a terceira fugida que faz. Isto assim não é bonito.

EMÍLIA — E para que o prendem?

FLORÊNCIA — Prendem-no porque ele foge.

EMÍLIA — E ele foge porque o prendem.

FLORÊNCIA — Belo argumento! É mesmo dessa cabeça. *(Carlos puxa pelo vestido de Emília.)* Mas o que tens tu?

EMÍLIA — Nada, não senhora.

FLORÊNCIA — Se ele aqui aparecer hoje, há de ter paciência, irá para o convento, ainda que seja amarrado. É preciso quebrar-lhe o gênio. Estais a mexer-te?

EMÍLIA — Não senhora.

FLORÊNCIA — Queira Deus que ele se emende... Mas que tens tu, Emília, tão inquieta?

EMÍLIA — São cócegas na sola dos pés.

FLORÊNCIA — Ah, isso são câimbras. Bate com o pé, assim estais melhor.

EMÍLIA — Vai passando.

FLORÊNCIA — O sobrinho é estouvado, mas nunca te dará os desgostos que me deu o Ambró... - nem quero pronunciar o nome. E tu não te aquietas? Bate com o pé.

EMÍLIA, *afastando-se da* cama — Não posso estar quieta no mesmo lugar. *(À parte)* Que louco!

FLORÊNCIA — Estou arrependida de ter escrito. *(Entra José.)* Quem vem aí?

## CENA VIII

*Os mesmos e José.*

EMÍLIA – É o José.

FLORÊNCIA — Entregaste a carta?

JOSÉ — Sim, minha senhora, e o Sr. Dom Abade mandou comigo um reverendíssimo, que ficou na sala à espera.

FLORÊNCIA — Fá-lo entrar. *(Sai o criado.)* Emília, vai para dentro. Já que um reverendíssimo teve o incômodo de cá vir, quero aproveitar a ocasião e confessar-me. Posso morrer...

EMÍLIA — Ah!

FLORÊNCIA — Anda, vai para dentro e não te assustes. *(Sai Emília.)*

## CENA IX

FLORÊNCIA, *só* — A ingratidão daquele monstro assassinou-me. Bom é ficar tranquila com a minha consciência.

## CENA X

*Ambrósio, com hábito de frade, entra seguindo José.*

CRIADO — Aqui está a senhora.

AMBRÓSIO, *à parte* — Retira-te e fecha a porta. *(Dá-lhe dinheiro.)*

CRIADO *(à parte)* — Que lá se avenham... A paga cá está.

## CENA XI

FLORÊNCIA — Vossa Reverendíssima pode aproximar-se. Queira assentar-se. *(Senta-se)*

AMBRÓSIO, *fingindo que tosse* — Hum, hum, hum... *(Carlos espreita debaixo da cama.)*

FLORÊNCIA — Escrevi para que viesse uma pessoa falar-me e Vossa Reverendíssima quis ter a bondade de vir.

AMBRÓSIO – Hum, hum, hum...

CARLOS, *à parte* — O diabo do frade está endefluxado.

FLORÊNCIA — E era para tratarmos do meu sobrinho Carlos, mas já não é preciso. Aqui esteve o padre-mestre; sobre isso falamos; está tudo justo e sem dúvida Vossa Reverendíssima já está informado.

AMBRÓSIO, *o mesmo* — Hum, hum, hum...

FLORÊNCIA — Vossa Reverendíssima está constipado; talvez o frio da noite...

AMBRÓSIO, *disfarçando a voz* — Sim, sim...

FLORÊNCIA — Muito bem.

CARLOS, *à parte* — Não conheci esta voz no convento...

FLORÊNCIA — Mas para que Vossa Reverendíssima não perdesse de todo o seu tempo, se quisesse ter a bondade de ouvir-me em confissão...

AMBRÓSIO — Ah! *(Vai fechar as portas.)*

FLORÊNCIA — Que faz, senhor? Fecha a porta? Ninguém nos ouve.

CARLOS, *à parte* — O frade tem más intenções...

AMBRÓSIO, *disfarçando a voz* — Por cautela.

FLORÊNCIA — Assente-se. *(À parte:)* Não gosto muito disto... *(Alto)* Reverendíssimo, antes de principiarmos a confissão, julgo necessário informar-lhe que fui casada duas vezes; a primeira, com um santo homem, e a segunda, com um demônio.

AMBRÓSIO — Hum, hum, hum...

FLORÊNCIA — Um homem sem honra e sem fé em Deus, um malvado. Casou-se comigo quando ainda tinha mulher viva! Não é verdade, Reverendíssimo, que esse homem vai direitinho para o inferno?

AMBRÓSIO — Hum, hum, hum...

FLORÊNCIA — Mas enquanto não vai para o inferno, há de pagar nesta vida. Há uma ordem de prisão contra ele e o malvado não ousa aparecer.

AMBRÓSIO, *levantando-se e tirando o capuz* — E quem vos disse que ele não ousa aparecer?

FLORÊNCIA, *fugindo da cama* — Ah!

CARLOS, *à parte* — O senhor meu tio!

AMBRÓSIO — Podeis gritar, as portas estão fechadas. Preciso de dinheiro e muito dinheiro para fugir desta cidade, e dar-mo-eis, senão...

FLORÊNCIA — Deixai-me! Eu chamo por socorro!

AMBRÓSIO — Que me importa? Sou criminoso; serei punido. Pois bem, cometerei outro crime, que me pode salvar. Dar-me-eis tudo quanto possuís: dinheiro, joias, tudo! E desgraçada de vós, se não me obedeceis! A morte!...

FLORÊNCIA, *corre por toda a casa, gritando* — Socorro, socorro! Ladrão, ladrão! Socorro! *(Escuro.)*

AMBRÓSIO, *seguindo-a* — Silêncio, silêncio, mulher!

CARLOS — O caso está sério! *(Vai saindo debaixo da cama no momento que Florência atira com a mesa no chão. Ouve-se gritos fora: Abra, abra! Florência, achando-se só e no escuro, senta-se no chão, encolhe-se e cobre-se com uma colcha.)*

AMBRÓSIO, *procurando* — Para onde foi? Nada vejo. Batem nas portas! O que farei?

CARLOS, *à parte* — A tia calou-se e ele aqui está.

AMBRÓSIO, *encontra-se com Carlos e agarra-lhe no hábito* — Ah, mulher, estais em meu poder. Estas portas não tardarão a ceder; salvai-me, ou mato-te!

CARLOS, *dando-lhe uma bofetada* — Tome lá, senhor meu tio!

AMBRÓSIO — Ah! *(Cai no chão.)*

CARLOS, *à parte* — Outra vez para a concha. (Mete-se debaixo da cama.)

AMBRÓSIO, *levantando-se* — Que mão! Continuam a bater. Onde esconder-me? Que escuro! Deste lado vi um armário... Ei-lo! *(Mete-se dentro.)*

## CENA XII

*Entram pelo fundo quatro homens armados, Jorge trazendo uma vela acesa. Claro.*

JORGE, *entrando* — Vizinha, vizinha, o que é? O que foi? Não vejo ninguém... (Dá com Florência no canto.) Quem está aqui?

FLORÊNCIA — Ai, ai!

JORGE — Vizinha, somos nós...

EMÍLIA, *dentro* — Minha mãe, minha mãe! *(Entra.)*

FLORÊNCIA — Ah, é o vizinho Jorge! E estes senhores? *(Levantando-se ajudada por Jorge.)*

EMÍLIA — Minha mãe, o que foi?

FLORÊNCIA — Filha!

JORGE — Estava na porta de minha loja, quando ouvi gritar: Socorro, socorro! Conheci a voz da vizinha e acudi com estes quatro amigos.

FLORÊNCIA — Muito obrigado, vizinho; ele já se foi.

JORGE — Ele quem?

FLORÊNCIA — O ladrão.

TODOS — O ladrão!

FLORÊNCIA — Sim, um ladrão vestido de frade, que me queria roubar e assassinar.

EMÍLIA, *para Florência* — Minha mãe!

JORGE — Mas ele não teve tempo de sair. Procuremos.

FLORÊNCIA — Espere, vizinho, deixe-me sair primeiro. Se o encontrarem, deem-lhe uma boa arrochada e levem-no preso. *(À parte:)* Há de me pagar! Vamos, menina.

EMÍLIA, *para Florência* — É Carlos, minha mãe, é o primo!

FLORÊNCIA, *para Emília* — Qual o primo! É ele, teu padrasto.

EMÍLIA — É o primo!

FLORÊNCIA — É ele, é ele. Vem. Procurem-no bem, vizinhos, e pau nele. Anda, anda. *(Sai com Emília.)*

## CENA XIII

JORGE — Amigos, cuidado! Procuremos tudo; o ladrão ainda não saiu daqui. Venham atrás de mim. Assim que ele aparecer, uma boa massada de pau, e depois pés e mãos amarradas, e guarda do Tesouro com ele... Sigam-me.

Aqui não está; vejamos atrás do armário. *(Vê.)* Nada. Onde se esconderia? Talvez debaixo da cama. *(Levantando o rodapé:)* Oh, cá está ele! *(Dão bordoadas.)*

CARLOS, *gritando* — Ai, ai, não sou eu, não sou ladrão, ai ai!

JORGE, *dando* — Salta para fora, ladrão, salta! *(Carlos sai para fora, gritando:)* Não sou ladrão, sou de casa!

JORGE — A ele, amigos! *(Perseguem Carlos de bordoadas por toda a cena. Por fim, mete-se atrás do armário e atira com ele no chão. Gritos: Ladrão!)*

## CENA XIV

*Jorge só; depois Florência e Emília.*

JORGE — Eles que o sigam; eu já não posso. O diabo esfolou-me a canela com o armário. *(Batendo na porta:)* Ó vizinha, vizinha?

FLORÊNCIA, *entrando* — Então, vizinho?

JORGE — Estava escondido debaixo da cama.

EMÍLIA — Não lhe disse?

JORGE — Demos-lhe uma boa massada de pau e fugiu por aquela porta, mas os amigos foram-lhe no alcance.

FLORÊNCIA — Muito obrigada, vizinho, Deus lhe pague.

JORGE — Estimo que a vizinha não tivesse maior incômodo.

FLORÊNCIA — Obrigada. Deus lhe pague, Deus lhe pague.

JORGE — Boa noite, vizinha; mande levantar o armário que caiu.

FLORÊNCIA — Sim senhor. Boa noite. *(Sai Jorge.)*

## CENA XV

*Florência e Emília.*

FLORÊNCIA — Pagou-me!

EMÍLIA, *chorando* — Então, minha mãe, não lhe disse que era o primo Carlos?

FLORÊNCIA — E continuas a teimar?

EMÍLIA — Se eu o vi atrás da cama!

FLORÊNCIA — Ai, pior, era teu padrasto.

EMÍLIA — Se eu o vi!

FLORÊNCIA — Se eu lhe falei!...É boa teima!

## CENA XVI

JUCA, *entrando* — Mamãe, aquela mulher do papai quer-lhe falar.

FLORÊNCIA — O que quer essa mulher comigo, o que quer? *(Resoluta:)* Diga que entre. *(Sai Juca.)*

EMÍLIA — A mamãe vai afligir-se no estado em que está?

FLORÊNCIA — Bota aqui duas cadeiras. Ela não tem culpa. *(Emília chega uma cadeira. Florência, sentando-se:)* Vejamos o que quer. Chega mais esta outra cadeira para aqui. Bem, vai para dentro.

EMÍLIA — Mas, se...

FLORÊNCIA — Anda; uma menina não deve ouvir a conversa que vamos ter. Farei tudo para persegui-lo! *(Emília sai.)*

## CENA XVII

*Entra Rosa. Já vem de vestido.*

ROSA — Dá licença?

FLORÊNCIA — Pode entrar. Queira ter a bondade de sentar-se. *(Senta-se.)*

ROSA — Minha senhora, a nossa posição é bem extraordinária...

FLORÊNCIA — É desagradável no último ponto.

ROSA — Ambas casadas com o mesmo homem...

FLORÊNCIA — E ambas com igual direito.

ROSA — Perdoe-me, minha senhora, nossos direitos não são iguais, sendo eu a primeira mulher...

FLORÊNCIA — Oh, não falo desse direito, não o contesto. Direito de persegui-lo quero eu dizer.

ROSA — Nisso estou de acordo.

FLORÊNCIA — Fui vilmente atraiçoada.

ROSA — E eu indignamente insultada...

FLORÊNCIA — Atormentei meus filhos...

ROSA — Contribuí para a morte de minha mãe...

FLORÊNCIA — Estragou grande parte de minha fortuna...

ROSA — Roubou-me todos os meus bens...

FLORÊNCIA — Oh, mas hei de vingar-me!

ROSA, *levantando-se* — Havemos de vingarmo-nos, senhora, e para isso aqui me acho.

FLORÊNCIA, *levantando-se* — Explique-se.

ROSA — Ambas fomos traídas pelo mesmo homem, ambas servimos de degrau à sua ambição. E porventura somos disso culpadas?

FLORÊNCIA — Não.

ROSA — Quando lhe dei eu a minha mão, poderia prever que ele seria um traidor? E vós, senhora, quando lhe destes a vossa, que vos uníeis a um infame?

FLORÊNCIA — Oh, não!

ROSA — E nós, suas desgraçadas vítimas, nos odiaremos mutuamente, em vez de ligarmo-nos, para de comum acordo perseguirmos o traidor?

FLORÊNCIA — Senhora, nem eu, nem vós temos culpa do que se tem passado. Quisera viver longe de vós; vossa presença aviva meus desgostos, porém farei um esforço - aceito o vosso oferecimento - unamo-nos e mostraremos ao monstro o que podem duas fracas mulheres quando se querem vingar.

ROSA — Eu contava convosco.

FLORÊNCIA — Agradeço a vossa confiança.

ROSA — Sou provinciana, não possuo talvez a polidez da Corte, mas tenho paixões violentas e resoluções prontas. Aqui trago uma ordem de prisão contra o pérfido, mas ele se esconde. Os oficiais de justiça andam em sua procura.

FLORÊNCIA — Aqui esteve há pouco.

ROSA — Quem?

FLORÊNCIA — O traidor.

ROSA — Aqui? Em vossa casa? E não vos assegurastes dele?

FLORÊNCIA — E como?

ROSA — Ah, se eu aqui estivesse...

FLORÊNCIA — Fugiu, mas levou uma maçada de pau.

ROSA — E onde estará ele agora, aonde?

AMBRÓSIO, *arrebenta uma tábua do armário, põe a cabeça de fora* — Ai, que abafo!

FLORÊNCIA e ROSA, *assustadas* — É ele!

AMBRÓSIO, *com a cabeça de fora* — Oh, diabo, cá estão elas!

FLORÊNCIA — É ele! Como te achas aí?

ROSA — Estava espreitando-nos!

AMBRÓSIO — Qual espreitando! Tenham a bondade de levantar este armário.

FLORÊNCIA — Para quê?

AMBRÓSIO — Quero sair... Já não posso... Abafo, morro!

ROSA — Ah, não podes sair? Melhor.

AMBRÓSIO — Melhor?

ROSA — Sim, melhor, porque estás em nosso poder.

FLORÊNCIA — Sabes que estávamos ajustando o meio de nos vingarmos de ti, maroto?

ROSA — E tu mesmo te entregaste... Mas como?...

FLORÊNCIA — Agora já adivinho. Bem dizia Emília; foi Carlos quem levou as bordoadas. Ah, patife, mais essa!

ROSA — Pagará tudo por junto.

AMBRÓSIO — Mulheres, vejam lá o que fazem!

FLORÊNCIA — Não me metes medo. Grandíssimo mariola!

ROSA — Sabes que papel é este? É uma ordem de prisão contra ti que vai ser executada. Foge agora!

AMBRÓSIO — Minha Rosinha, tira-me daqui!

FLORÊNCIA — O que é lá?

AMBRÓSIO — Florencinha, tem compaixão de mim!

ROSA — Ainda falas, patife?

AMBRÓSIO — Ai, que grito! Ai, ai!

FLORÊNCIA — Podes gritar. Espera um bocado. *(Sai.)*

ROSA — A justiça de Deus te castiga.

AMBRÓSIO — Escuta-me, Rosinha, enquanto aquele diabo está lá dentro: tu és a minha cara mulher; tira-me daqui que eu te prometo...

ROSA — Promessas tuas? Queres que eu acredite nelas? *(Entra Florência trazendo um pau de vassoura.)*

AMBRÓSIO — Mas eu juro que desta vez...

ROSA — Juras? E tu tens fé em Deus para jurares?

AMBRÓSIO — Rosinha de minha vida, olha que...

FLORÊNCIA, *levanta o pau e dá-lhe na cabeça* — Toma, maroto!

AMBRÓSIO, *escondendo a cabeça* — Ai!

ROSA, *rindo-se* — Ah, ah, ah!

FLORÊNCIA — Ah, pensavas que o caso havia de ficar assim? Anda, bota a cabeça de fora!

AMBRÓSIO, *principia a gritar* — Ai! *(Etc.)*

ROSA, *procura pela casa um pau* — Não acho também um pau...

FLORÊNCIA — Grita, grita, que eu já chorei muito. Mas agora hei de arrebentar-te esta cabeça. Bota essa cara sem-vergonha de fora!

ROSA, *tira o travesseiro da cama* — Isto serve?

FLORÊNCIA — Patife! Homem desalmado!

ROSA — Zombastes, agora pagarás.

AMBRÓSIO, *botando a cabeça de fora* — Ai, que morro! *(Dão-lhe.)*

ROSA — Toma lá!

AMBRÓSIO, *escondendo a cabeça* — Diabos!

ROSA — Chegou nossa vez.

FLORÊNCIA — Verás como se vingam duas mulheres...

ROSA — Traídas...

FLORÊNCIA — Enganadas...

ROSA — Por um tratante...

FLORÊNCIA — Digno da forca.

ROSA — Anda, bota a cabeça de fora!

FLORÊNCIA — Pensavas que havíamos de chorar sempre?

AMBRÓSIO, *bota a cabeça de fora* — Já não posso! *(Dão-lhe.)* Ai, que me matam! *(Esconde-se.)*

ROSA — É para teu ensino.

FLORÊNCIA, *fazendo sinais para Rosa* — Está bom, basta, deixá-lo. Vamos chamar os oficiais de justiça.

ROSA — Nada! Primeiro hei de lhe arrebentar a cabeça. Bota a cabeça de fora. Não queres?

FLORÊNCIA, *fazendo sinais* — Não, minha amiga, por nossas mãos já nos vingamos. Agora, a Justiça.

ROSA — Pois vamos. Um instantinho, meu olho, já voltamos.

FLORÊNCIA — Se quiser, pode sair e passear. Podemos sair, que ele não foge. *(Colocam-se juntas do armário, silenciosas.)*

AMBRÓSIO, *botando a cabeça de fora* — As fúrias já se foram. Escangalharam-me a cabeça! Se eu pudesse fugir... *(Florência e Rosa dão-lhe.)*

FLORÊNCIA — Por que não foges?

ROSA — Pode muito bem.

AMBRÓSIO — Demônios! *(Esconde-se.)*

FLORÊNCIA — Só assim teria vontade de rir. Ah, ah!

ROSA — Há seis anos que me não rio de tão boa vontade!

FLORÊNCIA — Então, maridinho?

ROSA — Vidinha, não queres ver tua mulher?

AMBRÓSIO, *dentro* — Demônios, fúrias, centopeias! Diabos! Corujas! Ai, ai! *(Gritando sempre.)*

## CENA XVIII

*Os mesmos e Emília.*

EMÍLIA, *entrando* — O que é? Riem-se?

FLORÊNCIA — Vem cá, menina, vem ver como se deve ensinar aos homens.

## CENA XIX

*Entra Carlos preso por soldados, etc., seguido de Jorge.*

JORGE, *entrando adiante* — Vizinha, o ladrão foi apanhado.

CARLOS *entre os soldados* — Tia!

FLORÊNCIA — Carlos!

EMÍLIA — O primo! *(Ambrósio bota a cabeça de fora e espia.)*

JORGE — É o ladrão.

FLORÊNCIA — Vizinho, este é meu sobrinho Carlos.

JORGE — Seu sobrinho? Pois foi quem levou a coça.

CARLOS — Ainda cá sinto...

FLORÊNCIA — Coitado! Foi um engano, vizinho.

JORGE, *para os meirinhos* — Podem largá-lo.

CARLOS — Obrigado. Priminha! *(Indo para ela.)*

EMÍLIA — Pobre primo!

FLORÊNCIA, *para Jorge* — Nós já sabemos como foi o engano, neste armário; depois lhe explicarei. *(Ambrósio esconde-se.)*

JORGE, *para os soldados* — Sinto o trabalho que tiveram... E como não é mais preciso, podem-se retirar.

ROSA — Queiram ter a bondade de esperar. Senhores oficiais de justiça, aqui lhes apresento este mandado de prisão, lavrado contra um homem que se oculta dentro daquele armário.

TODOS — Naquele armário!

MEIRINHO, *que tem lido o mandado* — O mandado está em forma.

ROSA — Tenham a bondade de levantar o armário. *(Os oficiais de justiça e os quatro homens levantam o armário.)*

FLORÊNCIA — Abram. *(Ambrósio sai muito pálido, depois de abrirem o armário.)*

CARLOS – O senhor meu tio!

EMÍLIA — Meu padrasto!

JORGE — O Sr. Ambrósio?

MEIRINHO — Estais preso.

ROSA — Levai-o.

FLORÊNCIA — Para a cadeia.

AMBRÓSIO — Um momento. Estou preso, vou passar seis anos na cadeia... Exultai, senhoras. Eu me deveria lembrar antes de me casar com duas mulheres, que basta só uma para fazer o homem desgraçado. O que diremos de duas? Reduzem-no ao estado em que me vejo. Mas não sairei daqui sem ao menos vingar-me em alguém. *(Para os meirinhos:)* Senhores, aquele moço fugiu do convento depois de assassinar um frade.

CARLOS — O que é lá isso? *(Mestre de Noviços entra pelo fundo.)*

AMBRÓSIO — Senhores, denuncio-vos um criminoso.

MEIRINHO — É verdade que tenho aqui uma ordem contra um noviço...

MESTRE — ... Que já de nada vale. *(Prevenção.)*

TODOS — O Padre-Mestre!

MESTRE, *para Carlos* — Carlos, o Dom Abade julgou mais prudente que lá não voltásseis. Aqui tens a permissão por ele assinada para saíres do convento.

CARLOS, *abraçando-o* — Meu bom Padre-Mestre, este ato reconcilia-me com os frades.

MESTRE — E vós, senhoras, esperai da justiça dos homens o castigo deste malvado. *(Para Carlos e Emília:)* E vós, meus filhos, sede felizes, que eu pedirei para todos *(ao público:)* indulgência!

AMBRÓSIO — Oh, mulheres, mulheres! *(Execução.)*

# FIM

# O Judas em Sábado de Aleluia

*Personagens*

JOSÉ PIMENTA, cabo-de-esquadra da Guarda Nacional. Suas filhas

CHIQUINHA e

MARICOTA.

LULU (10 anos).

FAUSTINO, empregado público.

AMBRÓSIO, capitão da Guarda Nacional.

ANTÔNIO DOMINGOS, velho, negociante.

Meninos e moleques.

*A cena passa-se no Rio de Janeiro, no ano de 1844.*

## ATO ÚNICO

*Sala em casa de José Pimenta. Porta no fundo, à direita, e à esquerda uma janela; além da porta da direita uma cômoda de jacarandá, sobre a qual estará uma manga de vidro e dois castiçais de casquinha. Cadeiras e mesa. Ao levantar do pano, a cena estará distribuída da seguinte maneira: Chiquinha sentada junto à mesa, cosendo; Maricota à janela; e no fundo da sala, à direita da porta, um grupo de quatro meninos e dois moleques acabam de aprontar um judas, o qual estará apoiado à parede. Serão os seus trajes casaca de corte de veludo, colete idem, botas de montar, chapéu armado com penacho escarlate (tudo muito usado), longos bigodes, etc. Os meninos e moleques saltam de contentes ao redor do judas e fazem grande algazarra.*

### CENA I

*Chiquinha, Maricota e meninos.*

CHIQUINHA — Meninos, não façam tanta bulha...

LULU *saindo do grupo* — Mana, veja o judas como está bonito! Logo quando aparecer a Aleluia, havemos de puxá-lo para a rua.

CHIQUINHA — Está bom; vão para dentro e logo venham.

LULU *para os meninos e moleques* — Vamos pra dentro; logo viremos, quando aparecer a Aleluia. *(Vão todos para dentro em confusão.)*

CHIQUINHA *para Maricota* — Maricota, ainda te não cansou essa janela?

MARICOTA *voltando a cabeça* — Não é de tua conta.

CHIQUINHA — Bem o sei. Mas, olha, o meu vestido está quase pronto; e o teu, não sei quando estará.

MARICOTA — Hei de aprontá-lo quando quiser e muito bem me parecer. Basta de seca, cose, e deixa-me.

CHIQUINHA — Fazes bem. *(Aqui Maricota faz uma mesura para a rua, como a pessoa que a cumprimenta, e continua depois a fazer acenos com o lenço)* Lá está ela no seu fadário! Que viva esta minha irmã só para namorar! É forte mania! A todos faz festa, a todos namora... E o pior é que a todos engana... até o dia em que também seja enganada.

MARICOTA *retirando-se da janela* — O que estás tu a dizer, Chiquinha?

CHIQUINHA — Eu? Nada.

MARICOTA — Sim! Agarra-te bem à costura; vive sempre como vives, que hás de morrer solteira.

CHIQUINHA — Paciência.

MARICOTA — Minha cara, nós não temos dote, e não é pregada à cadeira que acharemos noivo.

CHIQUINHA — Tu já o achaste pregada à janela?

MARICOTA — Até esperar não é tarde. Sabes tu quantos passaram hoje por esta rua, só para me verem?

CHIQUINHA — Não.

MARICOTA — O primeiro que vi, quando cheguei à janela, parado no canto, foi aquele tenente dos Permanentes, que tu bem sabes.

CHIQUINHA — Casa-te com ele.

MARICOTA — E por que não, se ele quiser? Os oficiais dos Permanentes têm bom soldo. Podes te rir.

CHIQUINHA — E depois do tenente, quem mais passou?

MARICOTA — O cavalo rabão.

CHIQUINHA — Ah!

MARICOTA — Já te não mostrei aquele moço que anda sempre muito à moda, montado em um cavalo rabão, e que todas as vezes que passa cumprimenta com ar risonho e esporeia o cavalo?

CHIQUINHA — Sei quem é — isto é, conheço-a de vista. Quem é ele?

MARICOTA — Sei tanto como tu.

CHIQUINHA — E o namoras sem o conheceres?

MARICOTA — Oh, que tola! Pois é preciso conhecer-se a pessoa a quem se namora?

CHIQUINHA — Penso que sim.

MARICOTA — Estás muita atrasada. Queres ver a carta que ele me mandou esta manhã pelo moleque? *(Tira do seio uma cartinha)* Ouve: *(lendo:)* "Minha adorada e crepitante estrela!" *(Deixando de ler:)* Hem? Então?...

CHIQUINHA — Continua.

MARICOTA *continuando a ler* — "Os astros que brilham nas chamejantes esferas de teus sedutores olhos ofuscaram em tão subido ponto o meu discernimento, que me enlouqueceram. Sim, meu bem, um general quando vence uma batalha não é mais feliz do que eu sou! Se receberes os meus sinceros sofrimentos serei ditoso, e se não me corresponderes, serei infeliz, irei viver com as feras desumanas da Hircânia, do Japão e dos sertões de Minas - feras mais compassivas do que tu. Sim, meu bem, esta será a minha sorte, e lá morrerei... Adeus. Deste que jura ser teu, apesar da negra e fria morte. - O mesmo". *(Acabando de ler:)* Então, tem que dizer a isto? Que estilo! que paixão!...

CHIQUINHA *rindo-se* — É pena que a menina vá viver por essas brenhas com as feras da Hircânia, com os tatus e tamanduás. E tu acreditas em todo este palanfrório?

MARICOTA — E por que não? Têm-se visto muitas paixões violentas. Ouve agora esta outra. *(Tira outra carta do seio)*

CHIQUINHA — Do mesmo?

MARICOTA — Não, é daquele mocinho que está estudando latim no Seminário de S. José.

CHIQUINHA — Namoras também a um estudante de latim?! O que esperas deste menino?

MARICOTA — O que espero? Não tens ouvida dizer que as primeiras paixões são eternas? Pais bem, este menino pode ir para S. Paulo, voltar de lá formado e eu arranjar alguma cousa no caso de ainda estar solteira.

CHIQUINHA — Que cálculo! É pena teres de esperar tanto tempo...

MARICOTA — Os anos passam depressa, quando se namora. Ouve: *(lendo:)* "Vi teu mimoso semblante e fiquei enleado e cego, cego a ponto de não poder estudar minha lição." *(Deixando de ler:)* Isto é de criança. *(Continua a ler)* "Bem diz o poeta latino: Mundus a Domino constitutus est." *(Lê estas palavras com dificuldade e diz:)* Isto eu não entendo; há de ser algum elogio... *(Continua a ler)* "...constitutus est. Se Deus o criou, foi para fazer o paraíso dos amantes, que como eu têm a fortuna de gozar tanta beleza. A mocidade, meu bem, é um tesouro, porque senectus est morbus. Recebe, minha adorada, os meus protestos. Adeus, encanto. Ego vocor - Tibúrcio José Maria." *(Acabando de ler:)* O que eu não gosto é escrever-me ele em latim. Hei de mandar-lhe dizer que me fale em português. Lá dentro ainda tenho um maço de cartas que te poderei mostrar; estas duas recebi hoje.

CHIQUINHA — Se todas são como essas, é rica a coleção. Quem mais passou? Vamos, dize...

MARICOTA — Passou aquele amanuense da Alfândega, que está à espera de ser segundo escriturário para casar-se comigo. Passou o inglês que anda montado no cavalo do curro. Passou o Ambrósio, capitão da Guarda Nacional. Passou aquele moço de bigodes e cabelos grandes, que veio da Europa, aonde esteve empregado na diplomacia. Passou aquele sujeito que tem loja de fazendas. Passou...

CHIQUINHA *interrompendo* — Meu Deus, quantos!... E a todos esses namoras?

MARICOTA — Pais então! E o melhor é que cada um de per si pensa ser o único da minha afeição.

CHIQUINHA — Tens habilidade! Mas dize-me, Maricota, que esperas tu com todas essas loucuras e namoros? Que planos são as teus? *(Levanta-se)* Não vês que te podes desacreditar?

MARICOTA — Desacreditar-me por namorar! E não namoram todas as moças? A diferença está em que umas são mais espertas do que outras. As estouvadas, como tu dizes que eu sou, namoram francamente, enquanto as sonsas vão pela calada. Tu mesma, com este ar de santinha - anda, faze-te vermelha! - talvez namores, e muito; e se eu não passo assegurar, é porque tu não és sincera como eu sou. Desengana-te, não há moça que não namore. A dissimulação de muitas é que faz duvidar de suas estripulias. Apontas-me porventura uma só, que não tenha hora escolhida para chegar à janela, ou que não atormente ao pai ou à mãe para ir a este ou àquele baile, a esta ou àquela festa? E pensas tu que é isto feito indiferentemente, ou por acaso? Enganas-te, minha cara, tudo é namoro, e muito namoro. Os pais, as mães e as simplórias como tu é que nada veem e de nada desconfiam. Quantas conheço eu, que no meio de parentes e amigas, cercadas de olhos vigilantes, namoram tão sutilmente, que não se pressente! Para quem sabe namorar tudo é instrumento: uma criança que se tem ao colo e se beija, um papagaio com o qual se fala à janela, um mico que brinca sabre o ombro, um lenço que volteia na mão, uma flor que se desfolha - tudo, enfim! E até quantas vezes a namorada desprezada serve de instrumento para se namorar a outrem! Pobres tolas, que levam a culpa e vivem logradas, em proveito alheio! Se te quisesse eu explicar e patentear as ardis e espertezas de certas meninas que passam por sérias e que são refinadíssimas velhacas, não acabaria hoje. Vive na certeza, minha irmã, que as moças se dividem em duas classes: sonsas e sinceras... Mas que todas namoram.

CHIQUINHA — Não questionarei contigo. Demos que assim seja, quero mesmo que o seja. Que outro futuro esperam as filhas-famílias, senão o casamento? É a nossa senatoria, como costumam dizer. Os homens não levam a mal que façamos da nossa parte todas as diligências para alcançarmos este fim; mas o meio que devemos empregar é tudo. Pode ele ser prudente e honesto, ou tresloucado como o teu.

MARICOTA — Não dizia eu que havia sonsas e sinceras? Tu és das sonsas.

CHIQUINHA — Pode ele nos desacreditar, como não duvido que o teu te desacreditará.

MARICOTA — E por quê?

CHIQUINHA — Namoras a muitos.

MARICOTA — Oh, essa é grande! Nisto justamente é que eu acho vantagem. Ora dize-me, quem compra muitos bilhetes de loteria não tem mais probabilidade de tirar a sorte grande do que aquele que só compra um? Não pode do mesmo modo, nessa loteria do casamento, quem tem muitas amantes ter mais probabilidade de tirar um para marido?

CHIQUINHA — Não, não! A namoradeira é em breve tempo conhecida e ninguém a deseja por mulher. Julgas que os homens se iludem com ela e que não sabem que valor devem dar aos seus protestos? Que mulher pode haver tão fina, que namore a muitos e que faça crer a cada um em particular que é o único amado? Aqui em nossa terra, grande parte dos moços são presunçosos, linguarudos e indiscretos; quando têm o mais insignificante namorico, não há amigos e conhecidos que não sejam confidentes. Que cautelas podem resistir a essas indiscrições? E conhecida uma moça por namoradeira, quem se animará a pedi-la por esposa? Quem se quererá arriscar a casar-se com uma mulher que continue depois de casada as cenas de sua vida de solteira? Os homens têm mais juízo do que pensas; com as namoradeiras divertem-se eles, mas não se casam.

MARICOTA — Eu te mostrarei.

CHIQUINHA — Veremos. Dá graças a Deus se por fim encontrares um velho para marido.

MARICOTA — Um velho! Antes quero morrer, ser freira... Não me fales nisso, que me arrepiam os cabelos! Mas para que me aflije? É-me mais fácil... Aí vem meu pai. *(Corre e assenta-se à costura, junto à mesa)*

## CENA II

*José Pimenta e Maricota. Entra José Pimenta com a farda de cabo-de-*
*-esquadra da Guarda Nacional, calças de pano azul e barretão — tudo*
*muito usado.*

PIMENTA *entrando* — Chiquinha, vai ver minha roupa, já que estás vadia. *(Chiquinha sai.)* Está bem bom! Está bem bom! *(Esfrega as mãos de contente)* MARICOTA *cosendo* — Meu pai sai?

PIMENTA — Tenho que dar algumas voltas, a ver se cobro o dinheiro das guardas de ontem. Abençoada a hora em que eu deixei o ofício de sapateiro para ser cabo-de- esquadra da Guarda Nacional! O que ganhava eu pelo ofício? Uma tuta-e-meia. Desde pela manhã até alta noite sentada à tripeça, metendo sovela daqui, sovela dacolá, cerol pra uma banda, cerol pra outra; puxando couro com os dentes, batendo de martelo, estirando o tirapé - e no fim das contas chegava apenas o jornal para se comer, e mal. Torno a dizer, feliz a hora em que deixei o ofício para ser cabo-de-esquadra da Guarda Nacional! Das guardas, das rondas e das ordens de prisão faço o meu patrimônio. Cá as arranjo de modo que rendem, e não rendem pouco... Assim é que é o viver; e no mais, saúde, e viva a Guarda Nacional e o dinheirinho das guardas que vou cobrar, e que muito sinto ter de repartir com ganhadores. Se vier alguém procurar-me, dize que espere, que eu já volto. *(Sai.)*

## CENA III

MARICOTA, *só* — Tem razão; são milagres! Quando meu pai trabalhava pelo ofício e tinha um jornal certo, não podia viver; agora que não tem ofício nem jornal, vive sem necessidades. Bem diz o Capitão Ambrósio que os ofícios sem nome são os mais lucrativos. Basta de coser. *(Levanta-se.)* Não hei de namorar a agulheiro, nem me casar- com a almofada. *(Vai para a janela, Faustino aparece na porta ao fundo, donde espreita para a sala.)*

## CENA IV

*Faustino e Maricota.*

FAUSTINO — Posso entrar?

MARICOTA, voltando-se — Quem é? Ah, pode entrar.

FAUSTINO, *entrando* — Estava ali defronte na loja do barbeiro, esperando que teu pai saísse para poder ver-te, falar-te. amar-te, adorar-te, e...

MARICOTA — Deveras!

FAUSTINO — Ainda duvidas? Para quem vivo eu, senão para ti? Quem está sempre presente na minha imaginação? Por quem faço eu todos os sacrifícios?

MARICOTA — Fale mais baixo, que a mana pode ouvir.

FAUSTINO — A mana! Oh, quem me dera ser a mana, para estar sempre contigo! Na mesma sala, na mesma mesa, na mesma...

MARICOTA, *rindo-se* — Já você começa.

FAUSTINO — E como hei de acabar sem começar? *(Pegando-lhe na mão:)* Decididamente, meu amor, não posso viver sem ti... E sem o meu ordenado.

MARICOTA — Não lhe creio: muitas vezes está sem me aparecer dois dias, sinal que pode viver sem mim; e julgo que pode também viver sem o seu ordenado, porque...

FAUSTINO — Impossível!

MARICOTA — Parque o tenho visto passar muitas vezes por aqui de manhã às onze horas e ao meio-dia, o que prova que gazela sofrivelmente, que leva ponto e lhe descontam o ordenado.

FAUSTINO — Gazear a repartição o modelo dos empregados? Enganaram-te. Quando lá não vou, é ou por doente, ou por ter mandado parte de doente...

MARICOTA — E hoje que é dia de trabalho, mandou parte?

FAUSTINO — Hoje? Ah, não me fales nisso, que me desespera e alucina! Por tua causa sou a vítima mais infeliz da Guarda Nacional!

MARICOTA — Por minha causa?!

FAUSTINO — Sim, sim, por tua causa! O capitão da minha companhia, o mais feroz capitão que tem aparecido no mundo, depois que se inventou a Guarda Nacional, persegue-me, acabrunha-me e assassina-me! Como sabe que eu te amo e que tu me correspondes, não há pirraças e afrontas que me não faça. Todas os meses são dois ou três avisos para montar guarda; outros tantos para rondas, manejos, paradas... E desgraçado se lá não vou, ou não pago! Já o meu ordenado não chega. Roubam-me, roubam-me com as armas na mão! Eu te detesto, capitão infernal, és um tirano, um Gengis-Kan, um Tamerlan! Agora mesmo está um guarda à porta da repartição à minha espera para prender-me. Mas eu não vou lá, não quero. Tenho dito. Um cidadão é livre... enquanto não o prendem.

MARICOTA — Sr. Faustino, não grite, tranquilize-se!

FAUSTINO — Tranquilizar-me! Quando vejo um homem que abusa da autoridade que lhe confiaram para afastar-me de ti! Sim, sim, é para afastar-me de ti que ele manda-me sempre prender. Patife! Porém o que mais me mortifica e até faz-me chorar, é ver teu pai, o mais honrado cabo-de-esquadra, prestar o seu apoio a essas tiranias constitucionais.

MARICOTA — Está bom, deixe-se disso, já é maçada. Não tem que se queixar de meu pai: ele é cabo e faz a sua obrigação.

FAUSTINO — Sua obrigação? E julgas que um homem faz a sua obrigação quando anda atrás de um cidadão brasileiro com uma ordem de prisão metida na patrona, na patrona? A liberdade, a honra, a vida de um homem, feita à imagem de Deus, metida na patrona! Sacrilégio!

MARICOTA *rindo-se* — Com efeito, é uma ação digna...

FAUSTINO *interrompendo-a* — ... somente de um capitão da Guarda Nacional! Felizes dos turcos, dos chinas e dos negros de Guiné, porque não são guardas nacionais! Oh!

Porque lá nos desertos africanos
Faustino não nasceu desconhecido!

MARICOTA — Gentes!

FAUSTINO — Mas apesar de todas essas perseguições, eu lhe hei de mostrar para que presto. Tão depressa se reforme a minha repartição, casar-me-ei contigo, ainda que eu veja adiante de mim todos os chefes de legião, coronéis, majores, capitães, cornetas, sim, cornetas, e etc.

MARICOTA — Meu Deus, endoideceu!

FAUSTINO — Então podem chover sobre mim os avisos, como chovia o maná no deserto! Não te deixarei um só instante. Quando for as paradas, irás comigo para me veres manobrar.

MARICOTA — Oh!

FAUSTINO — Quando montar guarda, acompanhar-me-ás...

MARICOTA — Quê! Eu também hei de montar guarda?

FAUSTINO — E o que tem isso? Mas não, não, correria seu risco...

MARICOTA — Que extravagâncias!

FAUSTINO — Quando rondar, rondarei a nossa parta, e quando houver rusgas, fechar-me-ei em casa contigo, e dê no que der, que... estou deitado. Mas ah, infeliz!...

MARICOTA — Acabou-se lhe o furor?

FAUSTINO — De que me servem todos esses tormentos, se me não amas?

MARICOTA — Não o amo?!

FAUSTINO — Desgraçadamente, não! Eu tenho cá para mim que a tanto se não atreveria a capitão, se lhe desses esperanças.

MARICOTA — Ingrato!

FAUSTINO — Maricota, minha vida, ouve a confissão das tormentas que por ti sofro. *(Declamando:)* Uma ideia esmagadora, ideia abortada do negro abismo, como o riso da desesperação, segue-me por toda a parte! Na rua, na cama, na repartição, nos bailes e mesmo no teatro não me deixa um só instante! Agarrada às minhas orelhas, como o náufrago à tábua de salvação, ouço-a sempre dizer: - Maricota não te ama! Sacudo a cabeça, arranco os cabelos *(faz o que diz)* e só consigo desarranjar os cabelos e amarrotar a gravata. *(Isto dizendo, tira do bolso um pente, com o qual penteia-se enquanto fala.)* Isto é o tormento da minha vida, companheiro da minha morte! Cosido na mortalha, pregado no caixão, enterrado na catacumba, fechado na caixinha dos ossos no Dia de Finados ouvirei ainda essa voz, mas então será furibunda, pavorosa e cadavérica, repetir: - Maricota não te ama! *(Engrossa a voz para dizer estas palavras:)* E serei o defunto o mais desgraçado! Não te comovem estas pinturas? Não se te arrepiam as carnes?

MARICOTA — Escute...

FAUSTINO — Oh, que não tenha eu eloquência e poder para te arrepiar as carnes!...

MARICOTA — Já lhe disse que escute. Ora diga-me: não lhe tenho eu dado todas as provas que lhe poderia dar para convencê-lo do meu amor? Não tenho respondido a todas suas cartas? Não estou à janela sempre que passa de manhã para a repartição, e às duas horas quando volta, apesar do sol? Quando tenho alguma flor ao peito, que ma pede, não lha dou? Que mais quer? São poucas essas provas de verdadeiro amor? Assim é que me paga tantas finezas? Eu é que me deveria queixar...

FAUSTINO — Tu?

MARICOTA — Eu, sim! Responda-me, por onde andou, que não passou por aqui ontem, e fez-me esperar toda tarde à janela? Que fez do cravo que lhe dei o mês passado? Por que não foi ao teatro quando eu lá estive com D. Mariana? Desculpe-se, se pode. Assim é que corresponde a tanto amor? Já não há paixões verdadeiras. Estou desenganada. *(Finge que chora.)*

FAUSTINO — Maricota...

MARICOTA — Fui bem desgraçada em dar meu coração a um ingrato!

FAUSTINO, *enternecido* — Maricota!

MARICOTA — Se eu pudesse arrancar do peito esta paixão...

FAUSTINO — Maricota, eis-me a teus pés! *(Ajoelha-se, e enquanto fala, Maricota ri-se, sem que ele veja)* Necessito de toda a tua bondade para ser perdoado!

MARICOTA — Deixe-me.

FAUSTINO — Queres que morra a teus pés? *(Batem palmas na escada.)*

MARICOTA *assustada* — Quem será? *(Faustino conserva-se de joelhos.)* CAPITÃO, *na escada, dentro* — Dá licença?

MARICOTA assustada) — É o Capitão Ambrósio! *(Para Faustino:)* Vá-se embora, vá-se embora! *(Vai para dentro, correndo)*

FAUSTINO *levanta-se e vai atrás dela* — Então, o que é isso?... Deixou-me!... Foi- se!... E esta!... Que farei!... *(Anda ao redor da sala como procurando aonde esconder-se.)* Não sei onde esconder-me... *(Vai espiar à porta, e daí corre para a janela.)* Voltou, e está conversando à porta com um sujeito; mas decerto não deixa de entrar. Em boas estou metido, e daqui não... *(Corre para o judas, despe-lhe a casaca e o colete, tira-lhe as* botas e o chapéu e arranca-lhe os bigodes) O que me pilhar tem talento, porque mais tenho eu. *(Veste o colete e casaca sobre a sua própria roupa, calça as batas, põe o chapéu armado e arranja os bigodes. Feito isto, esconde o corpo do judas em uma das gavetas da cômoda, onde também esconde o próprio chapéu, e toma o lugar do judas.)* Agora pode vir... *(Batem)* Ei-lo! *(Batem)* Aí vem!

## CENA V

*Capitão e Faustino, no lugar do judas.*

CAPITÃO, *entrando* — Não há ninguém em casa? Ou estão todos surdos? Já bati palmas duas vezes, e nada de novo! *(Tira a barretina e a põe sobre a mesa, e assenta-se na cadeira.)* Esperarei. *(Olha ao redor de si, dá com os olhos no judas; supõe à primeira vista ser um homem, e levanta-se rapidamente)* Quem é? *(Reconhecendo que é um judas:)* Ora, ora, ora! E não me enganei com o judas, pensando que era um homem? Oh, ah, está um figurão! E o mais é que está tão bem-feito que parece vivo. *(Assenta-se.)* Aonde está essa gente? Preciso falar com o cabo José Pimenta e... ver a filha. Não seria mau que ele estivesse em casa; desejo ter certas explicações com a Maricota. *(Aqui aparece na porta da direita Maricota, que espreita, receosa. O Capitão a vê e levanta-se)* Ah!

## CENA VI

*Maricota e os mesmos.*

MARICOTA, *entrando, sempre receosa e olhando para todos os lados* — Sr. Capitão!

CAPITÃO, *chegando-se para ela* — Desejei ver-te, e a fortuna ajudou-me. *(Pegando-lhe na mão.)* Mas que tens? Estás receosa! Teu pai?

MARICOTA, *receosa* — Saiu.

CAPITÃO — Que temes então?

MARICOTA, *adianta-se e como que procura um objeto com os olhos pelos cantos da sala* — Eu? Nada. Estou procurando o gato...

CAPITÃO, *largando-lhe a mão* — O gato? E por causa do gato recebe-me com esta indiferença?

MARICOTA, *à parte* — Saiu. *(Para o Capitão:)* Ainda em cima zanga-se comigo! Por sua causa é que eu estou nestes sustos.

CAPITÃO — Por minha causa?

MARICOTA — Sim.

CAPITÃO — E é também por minha causa que procura o gato?

MARICOTA — É, sim!

CAPITÃO — Essa agora é melhor! Explique-se...

MARICOTA, *à parte* — Em que me fui eu meter! O que lhe hei de dizer?

CAPITÃO — Então?

MARICOTA — Lembra-se...

CAPITÃO — De quê?

MARICOTA — Da... da... daquela carta que me escreveu anteontem em que me aconselhava que fugisse da casa de meu pai para a sua?

CAPITÃO — E o que tem?

MARICOTA — Guardei-a na gavetinha do meu espelho, e como a deixasse aberta, o gato, brincando, sacou-me a carta; porque ele tem esse costume...

CAPITÃO — Oh, mas isso não é graça! Procuremos o gato. A carta estava assinada e pode comprometer-me. É a última vez que tal me acontece! *(Puxa a espada e principia a procurar o gato.)*

MARICOTA, *à parte, enquanto o Capitão procura* — Puxa a espada! Estou arrependida de ter dado a corda a este tolo. *(O Capitão procura o gato atrás de Faustino, que está imóvel; passa por diante e continua a procurá-lo. Logo que volta as costas a Faustino, este mia. O Capitão volta para trás repentinamente. Maricota surpreende-se.)*

CAPITÃO — Miou!

MARICOTA — Miou?!

CAPITÃO — Está por aqui mesmo. *(Procura.)*

MARICOTA, *à parte* — É singular! Em casa não temos gato!

CAPITÃO — Aqui não está. Onde, diabo, se meteu?

MARICOTA, *à parte* — Sem dúvida é algum da vizinhança. *(Para o Capitão:)* Está bom, deixe; ele aparecerá.

CAPITÃO — Que o leve o demo! *(Para Maricota:)* Mas procure-o bem até que o ache, para arrancar-lhe a carta. Podem-na achar, e isso não me convém. *(Esquece-se de embainhar a espada.)* Sobre esta mesma carta desejava eu falar-te.

MARICOTA — Recebeu minha resposta?

CAPITÃO — Recebi, e a tenho aqui comigo. Mandaste-me dizer que estavas pronta a fugir para minha casa; mas que esperavas primeiro poder arranjar parte do dinheiro que teu pai está ajuntando, para te safares com ele. Isto não me convém. Não está nos meus princípios. Um moço pode roubar uma moça - é uma rapaziada; mas dinheiro... é uma ação infame!

MARICOTA, *à parte* — Tolo!

CAPITÃO — Espero que não penses mais nisso, e que farás somente o que te eu peço. Sim?

MARICOTA, *à parte* — Pateta, que não percebe que era um pretexto para lhe não dizer que não, e tê-lo sempre preso.

CAPITÃO — Não respondes?

MARICOTA — Pois sim. *(À parte:)* Era preciso que eu fosse tola. Se eu fugir, ele não se casa.

CAPITÃO — Agora quero sempre dizer-te uma cousa. Eu supus que esta história de dinheiro era um pretexto para não fazeres o que te pedia.

MARICOTA — Ah, supôs? Tem penetração!

CAPITÃO — E se te valias desses pretextos é porque amavas a...

MARICOTA — A quem? Diga!

CAPITÃO — A Faustino.

MARICOTA — A Faustino? *(Ri às gargalhadas.)* Eu? Amar aquele toleirão? Com olhos de enchova morta, e pernas de arco de pipa? Está mangando comigo. Tenho melhor gosto. *(Olha com ternura para o Capitão.)*

CAPITÃO, *suspirando com prazer* — Ah, que olhos matadores! *(Durante este diálogo Faustino está inquieto no seu lugar.)*

MARICOTA — O Faustino serve-me de divertimento, e se algumas vezes lhe dou atenção, é para melhor ocultar o amor que sinto por outro. *(Olha com ternura para o Capitão. Aqui aparece na porta do fundo José Pimenta. Vendo o Capitão com a filha, para e escuta)*

CAPITÃO — Eu te creio, porque teus olhos confirmam tuas palavras. *(Gesticula com entusiasmo, brandindo a espada.)* Terás sempre em mim um arrimo, e um defensor! Enquanto eu for capitão da Guarda Nacional e o Governo tiver confiança em mim, hei de sustentar-te como uma princesa. *(Pimenta desata a rir às gargalhadas. Os dois voltam-se surpreendidos. Pimenta caminha para a frente, rindo-se sempre. O Capitão fica enfiado e com a espada levantada. Maricota, turbada, não sabe como tomar a hilaridade do pai.)*

## CENA VII

*Pimenta e os mesmos.*

PIMENTA, *rindo-se* — O que é isto, Sr. Capitão? Ataca a rapariga... ou ensina-lhe a jogar à espada?

CAPITÃO, *turbado* — Não é nada, Sr. Pimenta, não é nada... *(Embainha a espada.)* Foi um gato.

PIMENTA — Um gato? Pois o Sr. Capitão tira a espada para um gato? Só se foi algum gato danado, que por aqui entrou.

CAPITÃO, *querendo mostrar tranquilidade* — Nada; foi o gato da casa que andou aqui pela sala fazendo estripulias.

PIMENTA — O gato da casa? É bichinho que nunca tive, nem quero ter.

CAPITÃO — Pois o senhor não tem um gato?

PIMENTA — Não senhor.

CAPITÃO, *alterando-se* — E nunca os teve?

PIMENTA — Nunca!... Mas...

CAPITÃO — Nem suas filhas, nem seus escravos?

PIMENTA — Já disse que não.... Mas...

CAPITÃO, *voltando-se para Maricota* — Com que nem seu pai, nem a sua irmã e nem seus escravos têm gato?

PIMENTA — Mas que diabo é isso?

CAPITÃO — E no entanto... Está bom, está bom! (*À parte:*) Aqui há maroteira!

PIMENTA — Mas que história é essa?

CAPITÃO — Não é nada, não faça caso; ao depois lhe direi. *(Para Maricota:)* Muito obrigado! *(Voltando-se para Pimenta:)* Temos que falar em objeto de serviço.

PIMENTA, *para Maricota* — Vai para dentro.

MARICOTA, à parte — Que capitão tão pedaço de asno! *(Sai.)*

## CENA VIII

*Capitão e José Pimenta. — Pimenta vai pôr sobre a mesa a barretina. O Capitão fica pensativo.*

CAPITÃO, *à parte* — Aqui anda o Faustino, mas ele me pagará!

PIMENTA — As suas ordens, Sr. Capitão.

CAPITÃO — O guarda Faustino foi preso?

PIMENTA — Não, senhor. Desde quinta-feira que andam dois guardas atrás dele, e ainda não foi possível encontrá-lo. Mandei-os que fossem escorar à porta da repartição e também lá não apareceu hoje. Creio que teve aviso.

CAPITÃO — É preciso fazer diligência para se prender esse guarda, que está ficando muito remisso. Tenho ordens muito apertadas do comandante superior. Diga aos guardas encarregados de o prender que o levem para os Provisórios. Há de lá estar um mês. Isto assim não pode continuar. Não há gente para o serviço com estes maus exemplos. A impunidade desorganiza a Guarda Nacional. Assim que ele sair dos Provisórios, avisem-no logo para o serviço, e se faltar, Provisório no caso, até que se desengane. Eu lhe hei de mostrar. *(À parte:)* Mariola!... Quer ser meu rival!

PIMENTA — Sim senhor, Sr. Capitão.

CAPITÃO — Guardas sobre guardas, rondas, manejos, paradas diligências - atrapalhe-o. Entenda-se a esse respeito com o sargento.

PIMENTA — Deixe estar, Sr. Capitão.

CAPITÃO — Precisamos de gente pronta.

PIMENTA — Assim é, Sr. Capitão. Os que não pagam para a música, devem sempre estar prontos. Alguns são muito remissos.

CAPITÃO — Ameace-os com o serviço.

PIMENTA — Já o tenho feito. Digo-lhes que se não pagarem prontamente, o senhor Capitão os chamará para o serviço. Faltam ainda oito que não pagaram este mês, e dois ou três que não pagam desde o princípio do ano.

CAPITÃO — Avise a esses, que recebeu ordem para os chamar de novo para o serviço impreterivelmente. Há falta de gente. Ou paguem ou trabalhem.

PIMENTA — Assim é, Sr. Capitão, e mesmo é preciso. Já andam dizendo que se a nossa companhia não tem gente, é porque mais de metade paga para a música.

CAPITÃO, *assustado* — Dizem isso? Pois já sabem?

PIMENTA — Que saibam, não creio; mas desconfiam.

CAPITÃO — É o diabo! É preciso cautela. Vamos à casa do sargento, que lá temos que conversar. Uma demissão me faria desarranjo. Vamos.

PIMENTA — Sim senhor, Sr. Capitão. *(Saem.)*

## CENA IX

*Faustino. só. Logo que os dois saem, Faustino os vai espreitar à porta por onde saíram, e adianta-se um pouco.*

FAUSTINO — Ah, com que o senhor Capitão se assusta, porque podem saber que mais de metade dos guardas da companhia pagam para a música!... E quer mandar-me para os Provisórios! Com que escreve cartas, desinquietando a uma filha-família, e quer atrapalhar-me com serviço? Muito bem! Cá tomarei nota. E o que direi da menina? É de se tirar o barrete! Está doutorada! Anda a dois carrinhos! Obrigado! Acha que eu tenho pernas de enchova morta, e olhos de arco de pipa? Ah, quem soubera! Mas ainda é tempo; tu me pagarás, e... Ouço pisadas... A postos! *(Toma o seu lugar.)*

## CENA X

*Chiquinha e Faustino.*

CHIQUINHA *entra e senta-se à costura* — Deixe-me ver se posso acabar este vestido para vesti-lo amanhã, que é Domingo de Páscoa. *(Cose.)* Eu é que sou a vadia, como meu pai disse. Tudo anda assim. Ai, ai! *(Suspirando.)* Há gente bem feliz; alcançam tudo quanto desejam e dizem tudo quanto pensam: só eu nada alcanço e nada digo. Em quem estará ele pensando! Na mana, sem dúvida. Ah, Faustino, Faustino, se tu soubesses!...

FAUSTINO, *à parte* — Fala em mim! *(Aproxima-se de Chiquinha pé ante pé.)*

CHIQUINHA — A mana, que não sente por ti o que eu sinto, tem coragem para te falar e enganar, enquanto eu, que tanto te amo, não ouso levantar os olhos para ti. Assim vai o mundo! Nunca terei valor para fazer-lhe a confissão deste amor, que me faz tão desgraçada; nunca, que morreria de vergonha! Ele nem em mim pensa. Casar-me com ele seria a maior das felicidades. *(Faustino, que durante o tempo que Chiquinha fala vem aproximando-se e ouvindo com prazer quanto ela diz, cai a seus pés.)*

FAUSTINO — Anjo do céu! *(Chiquinha dá um grito, assustada, levanta-se rapidamente para fugir e Faustino a retém pelo vestido:)* Espera!

Chiquinha, *gritando* — Ai, quem me acode?

FAUSTINO — Não te assustes, é o teu amante, o teu noivo... o ditoso Faustino!

CHIQUINHA, *forcejando para fugir* — Deixe-me!

FAUSTINO, *tirando o chapéu* — Não me conheces? É o teu Faustino!

CHIQUINHA, *reconhecendo-o* — Sr. Faustino!

FAUSTINO, *sempre de joelhos* — Ele mesmo, encantadora criatura! Ele mesmo, que tudo ouviu.

CHIQUINHA, *escondendo o rosto nas mãos* — Meu Deus!

FAUSTINO — Não te envergonhes. *(Levanta-se.)* E não te admires de ver-me tão ridiculamente vestido para um amante adorado.

CHIQUINHA — Deixe-me ir para dentro.

FAUSTINO — Oh. não! Ouvir-me-ás primeiro. Por causa de tua irmã eu estava escondido nestes trajes: mas prouve a Deus que eles me servissem para descobrir a sua perfídia e ouvir a tua ingênua confissão, tanto mais preciosa, quanto inesperada. Eu te amo, eu te amo!

CHIQUINHA — A mana pode ouvi-lo!

FAUSTINO — A mana! Que venha ouvir-me! Quero dizer-lhe nas bochechas o que penso. Se eu tivesse adivinhado em ti tanta candura e amor, não teria passado por tantos dissabores e desgostos, e não teria visto com meus próprios olhos a maior das patifarias! Tua mana e... Enfim, eu cá sei o que ela é, e basta. Deixemo-la, falemos só no nosso amor! Não olhes para minhas botas... Tuas palavras acenderam em meu peito uma paixão vulcânico-piramidal e delirante. Há um momento que nasceu, mas já está grande como o universo. Conquistaste-me! Terás o pago de tanto amor! Não duvides; amanhã virei pedir-te a teu pai.

CHIQUINHA, *involuntariamente* — Será possível?!

FAUSTINO — Mais que possível, possibilíssimo!

CHIQUINHA — Oh! está me enganando... E o seu amor por Maricota?

FAUSTINO, *declamando* — Maricota trouxe o inferno para minha alma, se é que não levou minha alma para o inferno! O meu amor por ela foi-se, voou, extinguiu-se como um foguete de lágrimas!

CHIQUINHA — Seria crueldade se zombasse de mim! De mim, que ocultava a todos o meu segredo.

FAUSTINO — Zombar de ti! Seria mais fácil zombar do meu ministro! Mas, silêncio, que me parece que sobem as escadas.

CHIQUINHA, *assustada* — Será meu pai?

FAUSTINO — Nada digas do que ouviste: é preciso que ninguém saiba que eu estou aqui incógnito. Do segredo depende a nossa dita.

PIMENTA, *dentro* — Diga-lhe que não pode ser.

FAUSTINO — É teu pai!

CHIQUINHA — É meu pai!

AMBOS — Adeus. *(Chiquinha entra correndo e Faustino põe o chapéu na cabeça, e toma o seu lugar.)*

## CENA XI

*Pimenta e depois Antônio Domingos.*

PIMENTA — É boa! Querem todos ser dispensados das paradas! Agora é que o sargento anda passeando. Lá ficou o capitão à espera. Ficou espantado com o que eu lhe disse a respeito da música. Tem razão, que se souberem, podem-lhe dar com a demissão pelas ventas. *(Aqui batem palmas dentro.)* Quem é?

Antônio, *dentro* — Um seu criado. Dá licença?

PIMENTA — Entre quem é. *(Entra Antônio Domingos.)* Ah, é o Sr. Antônio Domingos! Seja bem aparecido; como vai isso?

ANTÔNIO — A seu dispor.

PIMENTA — Dê cá o seu chapéu. *(Toma o chapéu e o põe sobre a mesa.)* Então, o que ordena?

ANTÔNIO, *com mistério* — Trata-se do negócio...

PIMENTA — Ah, espere! *(Vai fechar a porta do fundo, espiando primeiro se alguém os poderá ouvir.)* É preciso cautela. *(Cerra a porta que dá para o interior.)*

ANTÔNIO — Toda é pouca. *(Vendo o judas:)* Aquilo é um judas?

PIMENTA — É dos pequenos. Então?

ANTÔNIO — Chegou nova remessa do Porto. Os sócios continuam a trabalhar com ardor. Aqui estão dois contos *(tira da algibeira dois maços de papéis)*, um em cada maço; é dos azuis. Desta vez vieram mais bem feitos. *(Mostra uma nota de cinco mil-réis que tira do bolso do colete:)* Veja; está perfeitíssima.

PIMENTA, *examinando-a* — Assim é.

ANTÔNIO — Mandei aos sócios fabricantes o relatório do exame que fizeram na Caixa da Amortização, sobre as da penúltima remessa, e eles emendaram a mão. Aposto que ninguém as diferençará das verdadeiras.

PIMENTA — Quando chegaram?

ANTÔNIO — Ontem, no navio que chegou do Porto.

PIMENTA — E como vieram?

ANTÔNIO — Dentro de um barril de paios.

PIMENTA — O lucro que deixa não é mal; mas arrisca-se a pele...

ANTÔNIO — O que receia?

PIMENTA — O que receio? Se nos dão na malhada, adeus minhas encomendas! Tenho filhos...

ANTÔNIO — Deixe-se de sustos. Já tivemos duas remessas, e o senhor só por sua parte passou dois contos e quinhentos mil-réis, e nada lhe aconteceu.

PIMENTA — Bem perto estivemos de ser descobertos - houve denúncia, e o Tesouro substituiu os azuis pelos brancos.

ANTÔNIO — Dos bilhetes aos falsificadores vai longe; aqueles andam pelas mãos de todos, e estes fecham-se quando falam, e acautelam-se. Demais, quem nada arrisca, nada tem. Deus há de ser conosco.

PIMENTA — Se não for o Chefe de Polícia...

ANTÔNIO — Esse é que pode botar tudo a perder; mas pior é o medo. Vá guardá-los. *(Pimenta vai guardar os maços dos bilhetes em uma das gavetas da cômoda e a fecha à chave. Antônio, enquanto Pimenta guarda os bilhetes:)* Cinquenta contos da primeira remessa, cem da segunda e cinquenta desta fazem duzentos contos; quando muito, vinte de despesa, e aí temos cento e oitenta de lucro. Não conheço negócio melhor. *(Para Pimenta:)* Não os vá trocar sempre à mesma casa: ora aqui. ora ali... Tem cinco por cento dos que passar.

PIMENTA — Já estou arrependido de ter-me metido neste negócio...

ANTÔNIO — E por quê?

PIMENTA — Além de perigosíssimo, tem consequências que eu não previa quando me meti nele. O senhor dizia que o povo não sofria com isso.

ANTÔNIO — E ainda digo. Há na circulação um horror de milhares de contos em papel; mais duzentos, não querem dizer nada.

PIMENTA — Assim pensei eu, ou me fizeram pensar; mas já me abriram os olhos, e... Enfim, passarei ainda esta vez, e será a última. Tenho filhos. Meti-me nisto sem saber bem o que fazia. E do senhor queixo-me, porque da primeira vez abusou da minha posição; eu estava sem vintém. E a última!

ANTÔNIO — Como quiser; o senhor é quem perde. *(Batem na porta.)*

PIMENTA — Batem!

ANTÔNIO — Será o Chefe de Polícia?

PIMENTA — O Chefe de Polícia! Eis, aí está no que o senhor me meteu!

ANTÔNIO — Prudência! Se for a polícia, queimam-se os bilhetes.

PIMENTA — Qual queimam-se, nem meio queimam-se; já não há tempo senão de sermos enforcados!

ANTÔNIO — Não desanime. *(Batem de novo.)*

FAUSTINO, *disfarçando a voz* — Da parte da polícia!

PIMENTA, *caindo de joelhos* — Misericórdia!

ANTÔNIO — Fujamos pelo quintal!

PIMENTA — A casa não tem quintal. Minhas filhas!...

ANTÔNIO — Estamos perdidos! *(Corre para a porta, a fim de espiar pela fechadura. Pimenta fica de joelhos e treme convulsivamente.)* Só vejo um oficial da Guarda Nacional. *(Batem; espia de novo.)* Não há dúvida. *(Para Pimenta:)* Psiu... psiu... venha cá.

CAPITÃO, *dentro* — Ah, Sr. Pimenta, Sr. Pimenta? *(Pimenta, ao ouvir o seu nome, levanta a cabeça e escuta. Antônio caminha para ele.)*

ANTÔNIO — Há só um oficial que o chama.

PIMENTA — Os mais estão escondidos.

CAPITÃO, *dentro* — Há ou não gente em casa?

PIMENTA *levanta-se* — Aquela voz... *(Vai para a porta e espia.)* Não me enganei! É o Capitão! *(Espia.)* Ah, Sr. Capitão?

CAPITÃO, *dentro* — Abra!

PIMENTA — Vossa Senhoria está só?

CAPITÃO, *dentro* — Estou, sim; abra.

PIMENTA — Palavra de honra?

CAPITÃO, *dentro* — Abra, ou vou-me embora!

PIMENTA, *para Antônio* — Não há que temer. *(Abre a porta; entra o Capitão. Antônio sai fora da porta e observa se há alguém oculto no corredor.)*

## CENA XII

*Capitão e os mesmos.*

CAPITÃO, *entrando* — Com o demo! O senhor a estas horas com a porta fechada!

PIMENTA — Queira perdoar, Sr. Capitão.

ANTÔNIO, *entrando* — Ninguém.

CAPITÃO — Faz-me esperar tanto! Hoje é a segunda vez.

PIMENTA — Por quem é, Sr. Capitão!

CAPITÃO — Tão calados!... Parece que estavam fazendo moeda falsa! *(Antônio estremece; Pimenta assusta-se.)*

PIMENTA — Que diz, Sr. Capitão? Vossa Senhoria tem graças que ofendem! Isto não são brinquedos. Assim escandaliza-me. Estava com o meu amigo Antônio Domingos falando nos seus negócios, que eu cá, por mim não os tenho.

CAPITÃO — Oh, o senhor escandaliza-se e assusta-se por uma graça dita sem

intenção de ofender!

PIMENTA — Mas há graças que não têm graça!

CAPITÃO — O senhor tem alguma cousa? Eu o estou desconhecendo!

ANTÔNIO, *à parte* — Este diabo bota tudo a perder! *(Para o Capitão:)* É a bílis que ainda o trabalha. Estava enfurecido comigo por certos negócios. Isto passa-lhe. *(Para Pimenta:)* Tudo se há de arranjar. *(Para o Capitão:)* Vossa Senhoria está hoje de serviço?

CAPITÃO — Estou de dia. *(Para Pimenta:)* Já lhe posso falar?

PIMENTA — Tenha a bondade de desculpar-me. Este maldito homem ia-me fazendo perder a cabeça. *(Passa a mão pelo pescoço, como quem quer dar mais inteligência ao que diz.)* E Vossa Senhoria também não contribuiu pouco para eu assustar-me!

ANTÔNIO, *forcejando para rir* — Foi uma boa caçoada!

CAPITÃO, *admirado* — Caçoada! Eu?

PIMENTA — Por mais honrado que seja um homem, quando se lhe bate à porta e se diz: "Da parte da polícia", sempre se assusta.

CAPITÃO — E quem lhe disse isto?

PIMENTA — Vossa Senhoria mesmo.

CAPITÃO — Ora, o senhor, ou está sonhando, ou quer se divertir comigo.

PIMENTA — Não foi Vossa Senhoria?

ANTÔNIO — Não foi Vossa Senhoria?

CAPITÃO — Pior é essa! Sua casa hoje anda misteriosa. Há pouco era sua filha com o gato; agora é o senhor com a polícia... *(À parte:)* Aqui anda tramoia!

ANTÔNIO, *à parte* — Quem seria?

PIMENTA, *assustado* — Isto não vai bem. *(Para Antônio:)* Não sai daqui antes de eu lhe entregar uns papéis. Espere! *(Faz semblante de querer ir buscar os bilhetes; Antônio o retém.)*

ANTÔNIO, *para Pimenta* — Olhe que se perde!

CAPITÃO — E então? Ainda não me deixaram dizer ao que vinha. *(Ouve-se repique de sinos, foguetes, algazarra, ruídos diversos como acontece quando aparece a Aleluia.)* O que é isto?

PIMENTA — Estamos descobertos!

ANTÔNIO, *gritando* — É a Aleluia que apareceu. *(Entram na sala, de tropel, Maricota, Chiquinha, os quatro meninos e os dois moleques.)*

MENINOS — Apareceu a Aleluia! Vamos ao judas!... *(Faustino, vendo os meninos junto de si, deita a correr pela sala. Espanto geral. Os meninos gritam e fogem de Faustino, o qual dá duas voltas ao redor da sala, levando adiante de si todos os que estão em cena, os quais atropelam-se correndo e gritam aterrorizados. Chiquinha fica em pé junto à porta por onde entrou. Faustino, na segunda volta, sai para a rua, e os mais, desembaraçados dele, ficam como assombrados. Os meninos e moleques, chorando, escondem-se debaixo da mesa e cadeiras; o Capitão, na primeira volta que dá fugindo de Faustino, sobe para cima da cômoda; Antônio Domingos agarra-se a Pimenta, e rolam juntos pelo chão, quando Faustino sai: e Maricota cai desmaiada na cadeira onde cosia)*

PIMENTA, *rolando pelo chão, agarrado com Antônio* — É o demônio!...

ANTÔNIO — Vade-retro, Satanás! *(Estreitam-se nos braços um do outro e escondem a cara.)*

CHIQUINHA, *chega-se para Maricota* — Mana, que tens? Não fala; está desmaiada! Mana? Meu Deus! Sr. Capitão, faça o favor de dar-me um copo com água.

CAPITÃO, *de cima da cômoda* — Não posso lá ir!

CHIQUINHA, *à parte* — Poltrão! *(Para Pimenta:)* Meu pai, acuda-me! *(Chega-se para ele e o chama, tocando-lhe no ombro.)*

PIMENTA, *gritando* — Ai, ai, ai! *(Antônio, ouvindo Pimenta gritar, grita também.)*

CHIQUINHA — E esta! Não está galante? O pior é estar a mana desmaiada! Sou eu, meu pai, sou Chiquinha; não se assuste. *(Pimenta e Antônio levantam-se cautelosos.)*

Antônio — Não o vejo!

CHIQUINHA, *para o Capitão* — Desça; que vergonha! Não tenha medo. *(O Capitão principia a descer.)* Ande, meu pai, acudamos a mana. *(Ouve-se dentro o grito de Leva! leva! como costumam os moleques, quando arrastam os judas pelas ruas.)*

PIMENTA — Aí vem ele!... *(Ficam todos imóveis na posição em que os surpreendeu o grito, isto é, Pimenta e Antônio ainda não de todo levantados; o Capitão com uma perna no chão e a outra na borda de uma das gavetas da cômoda, que está meio aberta; Chiquinha esfregando as mãos de Maricota para reanimá-la, e os meninos nos lugares que ocupavam. Conservam-se todos silenciosos, até que se ouve o grito exterior)* - Morra! - *em distância.)*

CHIQUINHA, *enquanto os mais estão silenciosos* — Meu Deus, que gente tão medrosa! E ela neste estado! O que hei de fazer? Meu pai? Sr. Capitão? Não se movem! Já tem as mãos frias... *(Aparece repentinamente à porta Faustino, ainda com os mesmos trajes; salta no meio da sala e vai cair sentado na cadeira que está junto à mesa. Uma turba de garotos e moleques armados de paus entram após ele, gritando: Pega no judas, pega no judas! — Pimenta e Antônio erguem-se rapidamente e atiram-se para a extremidade esquerda do teatro, junto aos candeeiros da rampa; o Capitão sobe de novo para cima da cômoda: Maricota, vendo Faustino na cadeira, separado dela somente pela mesa, dá um grito e foge para a extremidade direita do teatro; e os meninos saem aos gritos de debaixo da mesa, e espalham-se pela sala. Os garotos param no fundo junto à porta e, vendo-se em uma casa particular, cessam de gritar.)*

FAUSTINO, *caindo sentado* — Ai, que corrida! Já não posso! Oh, parece-me que por cá ainda dura o medo. O meu não foi menor vendo esta canalha. Safa, canalha! *(Os garotos riem-se e fazem assuada.)* Ah, o caso é esse? *(Levanta-se.)* Sr. Pimenta? *(Pimenta, ouvindo Faustino chamá-lo, encolhe-se e treme.)* Treme? Ponha-me esta corja no olho da rua... Não ouve?

PIMENTA, *titubeando* — Eu, senhor?

FAUSTINO — Ah, não obedece? Vamos, que lhe mando — da parte da polícia... *(Disfarçando a voz como da vez primeira.)*

ANTÔNIO — Da parte da polícia!... *(Para Pimenta:)* Vá, vá!

FAUSTINO — Avie-se! *(Pimenta caminha receoso para o grupo que está no fundo, e com bons modos o faz sair. Faustino, enquanto Pimenta faz evacuar a sala, continua a falar. Para Maricota:)* Não olhe assim para mim com os olhos tão arregalados, que lhe podem saltar fora da cara. De que serão esses olhos? *(Para o Capitão:)* Olá, valente capitão! Está de poleiro? Desça. Está com medo do papão? Hu! hu! Bote fora a espada, que lhe está atrapalhando as pernas. É um belo boneco de louça! *(Tira o chapéu e os bigodes, e os atira no chão.)* Agora ainda terão medo? Não me conhecem?

TODOS, *exceto Chiquinha* — Faustino!

FAUSTINO — Ah, já! Cobraram a fala! Temos que conversar. *(Põe uma das cadeiras no meio da sala e senta-se. O Capitão, Pimenta e Antônio dirigem-se para ele enfurecidos; o primeiro coloca-se à sua direita, o segundo à esquerda e o terceiro atrás, falando todos três ao mesmo tempo. Faustino tapa os ouvidos com as mãos.)*

PIMENTA — Ocultar-se em casa de um homem de bem, de um pai de família, é ação criminosa: não se deve praticar! As leis são bem claras; a casa do cidadão é inviolável! As autoridades hão de ouvir-me: serei desafrontado!

ANTÔNIO — Surpreender um segredo é infâmia! E só a vida paga certas infâmias, entende? O senhor é um mariola! Tudo quanto fiz e disse foi para experimentá-lo. Eu sabia que estava ali oculto. Se diz uma palavra, mando-lhe dar uma arrochada.

CAPITÃO — Aos insultos respondem-se com as armas na mão! Tenho uma patente de capitão que me deu o governo, hei de fazer honra a ela! O senhor é um cobarde! Digo-lhe isto na cara; não me mete medo! Há de ir preso! Ninguém me insulta impunemente! *(Os três, à proporção que falam, vão reforçando a voz e acabam bramando.)*

FAUSTINO — Ai! ai! ai! ai! que fico sem ouvidos.

CAPITÃO — Petulância inqualificável... Petulância!

PIMENTA — Desaforo sem nome... Desaforo!

ANTÔNIO — Patifaria, patifaria, patifaria! *(Faustino levanta-se rapidamente, batendo com os pés.)*

FAUSTINO, *gritando* — Silêncio! *(Os três emudecem e recuam:)* Que o deus da linha quer falar! *(Assenta-se)* Puxe-me aqui estas botas. *(Para Pimenta:)* Não quer? Olhe que o mando da parte da... *(Pimenta chega-se para ele.)*

PIMENTA, *colérico* — Dê cá!

FAUSTINO — Já! *(Dá-lhe as botas a puxar.)* Devagar! Assim... E digam lá que a polícia não faz milagres... *(Para Antônio:)* Ah, senhor meu, tire-me esta casaca. Creio que não será preciso dizer da parte de quem... *(Antônio tira-lhe a casaca com muito mal modo.)* Cuidado; não rasgue o traste, que é de valor. Agora o colete. *(Tira-lhe.)* Bom.

CAPITÃO — Até quando abusará da nossa paciência?

FAUSTINO, *voltando-se para ele* — Ainda que mal lhe pergunte, o senhor aprendeu latim?

CAPITÃO, à parte — Hei de fazer cumprir a ordem de prisão. *(Para Pimenta:)* Chame dois guardas.

FAUSTINO — Que é lá isso? Espere lá! Já não tem medo de mim? Então há pouco quando se empoleirou era com medo das botas? Ora, não seja criança, e escute... *(Para Maricota:)* Chegue-se para cá. *(Para Pimenta:)* Ao Sr. José Pimenta do Amaral, cabo-de-esquadra da Guarda Nacional, tenho a distinta de pedir-lhe a mão de sua filha a Sra. D. Maricota... ali para o Sr. Antônio Domingos.

MARICOTA — Ah!

PIMENTA — Senhor!

ANTÔNIO — E esta!

FAUSTINO — Ah, não querem? Torcem o focinho? Então escutem a história de um barril de paios, em que...

ANTÔNIO, *turbado* — Senhor!

FAUSTINO, *continuando* — ... em que vinham escondidos...

ANTÔNIO, *aproxima-se de Faustino e diz-lhe à parte* — Não me perca! Que exige de mim?

FAUSTINO, *à parte* — Que se case, e quanto antes, com a noiva que lhe dou. Só por este preço guardarei silêncio.

ANTÔNIO, *para Pimenta* — Sr. Pimenta, o senhor ouviu o pedido que lhe foi feito; agora o faço eu também. Concede-me a mão de sua filha?

PIMENTA — Certamente... é uma fortuna... não esperava... e...

FAUSTINO — Bravo!

MARICOTA — Isto não é possível! Eu não amo ao senhor!

FAUSTINO — Amará.

MARICOTA — Não se dispõe assim de uma moça! Isto é zombaria do senhor Faustino!

FAUSTINO — Não sou capaz!

MARICOTA — Não quero! Não me caso com um velho!

FAUSTINO — Pois então não se casará nunca; porque vou já daqui gritando *(Gritando:)* que a filha do cabo Pimenta namora como uma danada; que quis roubar... *(Para Maricota:)* Então, quer que continue, ou quer casar-se?

MARICOTA, *à parte* — Estou conhecida! Posso morrer solteira... Um marido é sempre um marido... *(Para Pimenta:)* Meu pai, farei a sua vontade.

FAUSTINO — Bravíssimo! Ditoso par! Amorosos pombinhos! *(Levanta-se, toma Maricota pela mão e a conduz para junto de Antônio, e fala com os dois à parte:)* Menina, aqui tem o noivo que eu lhe destino: é velho, baboso, rabugento e usurário - nada lhe falta para sua felicidade. É este o fim de todas as namoradeiras: ou casam com um gebas como este, ou morrem solteiras! *(Para o público:)* Queira Deus que aproveite o exemplo! *(Para Antônio:)* Os falsários já não morrem enforcados; lá se foi esse bom tempo! Se eu o denunciasse, ia o senhor para a cadeia e de lá fugiria, como acontece a muitos da sua laia. Este castigo seria muito suave... Eis aqui o que lhe destino, *(Apresentando-lhe Maricota:)* é moça, bonita, ardilosa, e namoradeira: nada lhe falta para seu tormento. Esta pena não vem no Código; mas não admira, porque lá faltam outras muitas cousas. Abracem-se, em sinal de guerra! *(Impele um para o outro.)* Agora nós, Sr. Capitão! Venha cá. Hoje mesmo quero uma dispensa de todo o serviço da Guarda Nacional! Arranje isso como puder; quando não, mando tocar a música... Não sei se me entende?...

CAPITÃO — Será servido. *(À parte:)* Que remédio; pode perder-me!

FAUSTINO — E se de novo bulir comigo, cuidado! Quem me avisa... Sabe o resto! Ora, meus senhores e senhoras, já que castiguei, quero também recompensar. *(Toma Chiquinha pela mão e coloca-se com ela em frente de Pimenta, dando as mãos como em ato de se casarem.)* Sua bênção, querido pai Pimenta, e seu consentimento!

PIMENTA — O que lhe hei de eu fazer, senão consentir!

FAUSTINO — Ótimo! *(Abraça a Pimenta e dá-lhe um beijo. Volta-se para Chiquinha.)* Se não houvesse aqui tanta gente a olhar para nós, fazia-te o mesmo... *(Dirigindo-se ao público:)* Mas não o perde, que fica guardado para melhor ocasião.

**FIM**

# Quem Casa, Quer Casa

*Personagens*

NICOLAU, marido de

FABIANA, mãe de

OLAIA e

SABINO

ANSELMO, pai de

EDUARDO, irmão de

PAULINA

Dois meninos e um homem

A cena passa-se no Rio de Janeiro, no ano de 1845.

## ATO ÚNICO

*Sala com uma porta no fundo, duas à direita e duas à esquerda; uma mesa com o que é necessário para escrever-se, cadeiras, etc.*

### CENA I

*Paulina e Fabiana.*

*Paulina junto à porta da esquerda e Fabiana no meio da sala mostram-se enfurecidas.*

PAULINA, *batendo o pé* – Hei de mandar!...

FABIANA, *no mesmo* – Não há de mandar!

PAULINA, *no mesmo* – Hei de e hei de mandar!...

FABIANA – Não há de e não há de mandar!...

PAULINA – Eu lhe mostrarei. *(Sai.)*

FABIANA – Ai, que estalo! Isto assim não vai longe. Duas senhoras a mandarem em uma casa... é o inferno! Duas senhoras? A senhora aqui sou eu; esta casa é de meu marido, e ela deve obedecer-me, porque é minha nora. Quer também dar ordens; isso veremos...

PAULINA, *aparecendo à porta* – Hei de mandar e hei de mandar, tenho dito! *(Sai.)*

FABIANA, *arrepelando-se de raiva* – Hum! Ora, eis aí esta com quem se casou meu filho, e trouxe a mulher para a minha casa. É isto constantemente. Não sabe o senhor meu filho que quem casa quer casa. Já não posso, não posso, não posso! *(Batendo com o pé:)* Um dia arrebento, e então veremos! *(Tocam dentro rabeca.)* Ai, que lá está o outro com a maldita rabeca... É o que se vê: casa-se meu filho e traz a mulher para minha casa.... É uma desavergonhada, que se não pode aturar. Casa-se minha filha, e vem seu marido da mesma sorte morar comigo... É um preguiçoso, um indolente, que para nada serve. Depois que ouviu no teatro tocar rabeca, deu-lhe a mania para aí, e leva todo o santo dia -

vum, vum, vim, vim! Já tenho a alma esfalfada. *(Gritando para a direita:)* Ó homem, não deixarás essa maldita sanfona? Nada! *(Chamando:)* Olaia! *(Gritando:)* Olaia!

## CENA II

*Olaia e Fabiana*

OLAIA, *entrando pela direita* – Minha mãe?

FABIANA – Não dirás a teu marido que deixe de atormentar-me os ouvidos com essa infernal rabecada?

OLAIA – Deixar ele a rabeca? A mamãe bem sabe que é impossível!

FABIANA – Impossível? Muito bem!OLAIA – Apenas levantou-se hoje da cama, enfiou as calças e pegou na rabeca - nem penteou os cabelos. Pôs uma folha de música diante de si, a que ele chama seu TremoloTremolo de Bériot, e agora verás – zás, zás! *(Fazendo o movimento com os braços.)* Com os olhos esbugalhados sobre a música, os cabelos arrepiados, o suor a correr em bagas pela testa e o braço num vaivém que causa vertigens!

FABIANA – Que casa de Orates é esta minha, que casa de Gonçalo!

OLAIA – Ainda não almoçou, e creio que também não jantará. Não ouve como toca?

FABIANA – Olaia, minha filha, tua mãe não resiste muito tempo a este modo de viver...

OLAIA – Se estivesse em minhas mãos remediá-lo...

FABIANA – Que podes tu? Teu irmão casou-se, e como não teve posses para botar uma casa, trouxe a mulher para a minha. *(Apontando:)* Ali está ela para meu tormento. O irmão dessa desavergonhada vinha visitá-la frequentemente; tu o viste, namoricaste-o, e por fim de contas casaste-te com ele... E caiu tudo em minhas costas! Irra, que arreio com a carga! Faço como os camelos...

OLAIA – Minha mãe!

FABIANA – Ela, *(apontando)* uma atrevida que quer mandar tanto ou mais do que eu; ele, *(apontando)* um mandrião romano, que só cuida em tocar rabeca, e nada de ganhar a vida; tu, uma pateta, incapaz de dares um conselho à boa joia de teu marido.

OLAIA – Ele gritaria comigo...

FABIANA – Pois grita tu mais do que ele, que é o meio das mulheres se fazerem ouvir. Qual histórias! É que tu és uma maricas. Teu irmão, casado com aquele demônio, não tem forças para resistir à sua língua e gênio; meu marido, que como dono da casa podia pôr cobro nestas coisas, não cuida senão na carolice: sermões, terços, procissões, festas, e o mais disse, e sua casa que ande ao Deus dará... E eu que pague as favas! Nada, nada, isto assim não vai bem; há de ter um termo... Ah!

## CENA III

*Eduardo e as ditas.*

*Eduardo, na direita baixa, entra em mangas de camisa, cabelos grandes muito embaraçados, chinelas, trazendo a rabeca.*

EDUARDO, *da porta* – Olaia, vem voltar a música.

FABIANA – Psiu, psiu, venha cá!

EDUARDO – Estou muito ocupado. Vem voltar a música.

FABIANA, *chegando-se para ele e tomando-o pela mão* – Fale primeiro comigo. Tenho muito que lhe dizer.

EDUARDO – Pois depressa, que me não quero esquecer da passagem que tanto me custou a estudar. Que música, que tremolo! Grande Bériot!

FABIANA – Deixemo-nos agora de Berliós e tremidos, e ouça-me.

EDUARDO – Espere, espere; quero que aplauda e goze um momento do que é bom e sublime; assentem-se. *(Obriga-as a sentarem-se e toca rabeca, tirando sons extravagantes, imitando o Tremolo.)*

FABIANA, *levantando-se enquanto ele toca* – E então? Pior, pior! Não deixará esta infernal rabeca? Deixe, homem! Ai, ai!

OLAIA, *ao mesmo tempo* – Eduardo, Eduardo, deixa-te agora disso. Não vês que a mamãe se aflige? Larga o arco. *(Pega na mão do arco e forceja para o tirar.)*

FABIANA – Larga a rabeca! Larga a rabeca! *(Pegando na rabeca e forcejando.)*

EDUARDO, *resistindo e tocando entusiasmado* – Deixem-me, deixem-me acabar, mulheres, que a inspiração me arrebata....... Ah... ah... *(Dá com o braço do arco nos peitos de Olaia e com o da rabeca nos queixos de Fabiana, isto tocando com furor.)*

OLAIA – Ai, meu estômago!

FABIANA, *ao mesmo tempo* – Ai, meus queixos!

EDUARDO, *tocando sempre com entusiasmo* – Sublime! Sublime! Bravo! Bravo!

FABIANA, *batendo o pé, raivosa* – Irra!

EDUARDO, *deixando de tocar* – Acabou-se. Agora pode falar.

FABIANA – Pois agora ouvirá, que estou cheia até aqui... Decididamente já não o posso nem quero aturar.

OLAIA – Minha mãe!

EDUARDO – Não?

FABIANA – Não e não, senhor. Há um ano que o senhor se casou com minha filha e ainda está às minhas costas. A carga já pesa! Em vez de gastar as horas tocando rabeca, procure um emprego, alugue uma casa e, fora daqui com sua mulher! Já não posso com as intrigas e desavenças em que vivo, depois que moramos juntos. É um inferno! Procure casa, procure casa... Procure casa!

EDUARDO – Agora, deixe-me também falar.... Recorda-se do que lhe dizia eu quando se tratou do meu casamento com sua filha?

OLAIA – Eduardo!...

EDUARDO – Não se recorda?

FABIANA – Não me recordo de nada... Procure casa. Procure casa!

EDUARDO – Sempre é bom que se recorde... Dizia eu que não podia casar-me por faltarem-me os meios de pôr casa e sustentar família. E o que me respondeu a senhora a esta objeção?

FABIANA – Não sei.

EDUARDO – Pois eu lhe digo: respondeu-me que isso não fosse a dúvida, que em quanto à casa podíamos ficar aqui morando juntos, e que aonde comiam duas pessoas, bem podiam comer quatro. Enfim, aplainou todas as dificuldades... Mas então queria a senhora pilhar-me para marido de sua filha... Tudo se facilitou; tratava-me nas palmas das mãos. Agora que me pilhou feito marido, grita: Procure casa! Procure casa! Mas eu agora é que não estou para aturá-la; não saio daqui. *(Assenta-se com resolução numa cadeira e toca rabeca com raiva.)*

FABIANA, *indo para ele* – Desavergonhado! Malcriado!

OLAIA, *no meio deles* – Minha mãe!

FABIANA – Deixa-me arrancar os olhos a este traste!

OLAIA – Tenha prudência! Eduardo, vai-te embora.

EDUARDO *levanta-se enfurecido, bate o pé e grita* – Irra! *(Fabiana e Olaia recuam, espavoridas. Indo para Fabiana:)* Bruxa! Vampiro! Sanguessuga da minha paciência! Ora, quem diabo havia dizer-me que esta velha se tornaria assim!

FABIANA – Velha, maroto, velha?

EDUARDO – Antes de pilhar-me para marido da filha, eram tudo mimos e carinhos. *(Arremedando:)* Sr. Eduardinho, o senhor é muito bom... Há de ser um excelente marido... Feliz daquela que o gozar... ditosa mãe que o tiver por genro... Agora escoiceia-me, e descompõe... Ah, mães, mães, espertalhonas! Que lamúrias para empurrarem as filhas! Estas mães são mesmo umas ratoeiras... Ah, se eu te conhecesse!...

FABIANA – Se eu também te conhecesse, havia de dar-te um...

EDUARDO – Quer dançar a polca?

FABIANA, *desesperada* – Olhe que me perco...

OLAIA – Minha mãe...

EDUARDO *vai saindo, cantando e dançando a polca* – Tra la la la, ri la ra ta... *(Etc., etc.)*

FABIANA, *querendo ir a ele e retida por Olaia* – Espera, maluco de uma figa...

OLAIA – Minha mãe, tranquilize-se, não faça caso.

FABIANA – Que te hei de fazer dançar o tremolo e a polca com os olhos fora da cara!

EDUARDO, *chegando à porta* – Olaia, vem voltar a música...

FABIANA, *retendo-a* – Não quero que vá lá...

EDUARDO, *gritando* – Vem voltar a música...

FABIANA – Não vai!

EDUARDO, *gritando e acompanhando com a rabeca* – Vem voltar a música!

FABIANA, *empurrando-a* – Vai-te com o diabo!

EDUARDO – Vem comigo. *(Vai-se com Olaia.)*

## CENA IV

*Fabiana, só.*

FABIANA – Oh, é preciso tomar uma resolução... Escreva-se. *(Senta-se, escreve ditando:)* "Ilmo. Sr. Anselmo Gomes. Seu filho e sua filha são duas pessoas muito malcriadas. Se o senhor hoje mesmo não procura casa para que eles se mudem da minha, leva tudo à breca. Sua criada, Fabiana da Costa." *(Falando:)* Quero ver o que ele responde-me a isto. *(Fecha a carta e chama:)* João? Também este espertalhão do sr. Anselmo, o que quis foi empurrar a filha e o filho de casa; e os mais que carreguem... Estou cansada; já não posso. Agora aguente ele. *(Chamando:)* João?

PAJEM, *entrando* – Minha senhora...

FABIANA – Vai levar esta carta ao sr. Anselmo. Sabes? É o pai do sr. Eduardo.

PAJEM – Sei, minha senhora.

FABIANA – Pois vai depressa. *(Pajem vai-se.)* Estou resolvida a desbaratar...

## CENA V

*Entra Nicolau de hábito de irmão terceiro, seguido de um homem com uma trouxa embaixo do braço.*

NICOLAU, *para o homem* – Entre, entre... *(Seguindo para a porta da direita.)*

FABIANA, *retendo-o* – Espere, tenho que lhe falar.

NICOLAU – Guarda isso para logo; agora tenho muita pressa. O senhor é o armador que vem vestir os nossos dois pequenos para a procissão de hoje.

FABIANA – Isso tem tempo.

NICOLAU – Qual tempo! Eu já volto.

FABIANA, *raivosa* – Hás de ouvir-me!

NICOLAU – O caso não vai de zangar... Ouvir-te-ei, já que gritas. Sr. Bernardo, tenha a bondade de esperar um momento. Vamos lá, o que queres? E em duas palavras, se for possível.

FABIANA – Em duas palavras? Aí vai: já não posso aturar meu genro e minha nora!

NICOLAU – Ora mulher, isso é cantiga velha.

FABIANA – Cantiga velha? Pois olhe: se não procura casa para eles nestes dois dias, ponho-os pela porta fora.

NICOLAU – Pois eu tenho lá tempo de procurar casa?

FABIANA – Oh, também o senhor não tem tempo para coisa alguma... Todos os seus negócios vão por água abaixo. Há quinze dias perdemos uma demanda por seu desleixo; sua casa é uma casa de Orates, filhos para uma banda, mulher para outra, tudo a brigar, tudo em confusão... e tudo em um inferno! E o que faz o senhor no meio de toda essa desordem? Só cuida na carolice...

NICOLAU – Faço muito bem, porque sirvo a Deus.

FABIANA – Meu caro, a carolice, como tu a praticas, é um excesso de devoção, assim como a hipocrisia o é da religião. E todo o excesso é um vício...

NICOLAU – Mulher, não blasfemes!

FABIANA – Julgas tu que nos atos exteriores é que está a religião? E que um homem, só por andar de hábito há de ser remido de seus pecados?

NICOLAU – Cala-te...

FABIANA – E que Deus agradece ao homem que não cura dos interesses da família e da educação de seus filhos, só para andar de tocha na mão?

NICOLAU – Nem mais uma palavra! Nem mais uma palavra!

FABIANA – É nossa obrigação, é nosso mais sagrado dever servir a Deus e contribuirmos para a pompa de seus mistérios, mas também é nosso dever, é nossa obrigação sermos bons pais de família, bons maridos, doutrinar os filhos no verdadeiro temor de Deus... É isto que tu fazes? Que cuidado tens da paz de tua família? Nenhum. Que educação dás a teus filhos? Leva-os à procissão feito anjinhos e contentas-te com isso. Sabem eles o que é uma procissão e que papel vão representar? Vão como crianças; o que querem é o cartucho de amêndoas...

NICOLAU – Oh, estás com o diabo na língua! Arreda!

FABIANA – O sentimento religioso está na alma, e esse transpira nas menores ações da vida. Eu, com este meu vestido, posso ser mais religiosa do que tu com este hábito.

NICOLAU, *querendo tapar-lhe a boca* – Cala-te, blasfema!... *(Seguindo-a.)*

FABIANA – O hábito não faz o monge. *(Fugindo dele.)* Ele é, muitas vezes, capa de espertalhões que querem iludir ao público; de hipócritas que se servem da religião como de um meio; de mandriões que querem fugir a uma ocupação e de velhacos que comem das irmandades...

NICOLAU – Cala-te, que aí vem um raio sobre nós! Ousas dizer que somos velhacos?

FABIANA – Não falo de ti nem de todos; falo de alguns.

NICOLAU – Não quero mais ouvir-te, não quero! Venha, senhor. *(Vai-se com o homem.)*

FABIANA, *seguindo-o* – Agora tomei-te eu à minha conta; hás de ouvir-me até que te emendes!

## CENA VI

*Entra Sabino, e a dita que está em cena. (Sabino é extremamente gago, o que o obriga a fazer contorções quando fala.)*

SABINO, *entrando* – O que é isto, minha mãe?

FABIANA – Vem tu também cá, que temos que falar.

SABINO – O que aconteceu?

FABIANA – O que aconteceu? Não é novo para ti... Desaforos dela...

SABINO – De Paulina?

FABIANA – Sim. Agora o que acontecerá é que eu te quero dizer. Tua bela mulher é uma desavergonhada!

SABINO – Sim, senhora, é; mas minha mãe, às vezes, é que bole com ela.

FABIANA – Ora, eis aí está! Ainda a defende contra mim!

SABINO – Não defendo; digo o que é.

FABIANA, *arremedando* – O que é... Gago de uma figa!

SABINO, *furioso* – Ga... ga... ga... ga... *(Fica sufocado, sem poder falar.)*

FABIANA – Ai, que arrebenta! Canta, canta, rapaz; fala cantando, que só assim te sairão as palavras.

SABINO, *cantando no tom de moquirão* – Se eu sou gago... se eu sou gago... foi foi Deus que assim me fez... eu não tenho culpa disso... para assim me descompor...

FABIANA – Quem te descompõe? Estou falando de tua mulher, que traz esta casa em uma desordem...

SABINO, *no mesmo* – Todos, todos, nesta casa... têm culpa, têm culpa nisso... Minha mãe quer só mandar... e Paulina tem mau gênio... Se Paulina, se Paulina... fosse fosse mais poupada... tantas brigas não haviam... viveriam mais tranquilas...

FABIANA – Mas ela é uma desavergonhada, que vem muito de propósito contrariar-me no governo da casa.

SABINO, *no mesmo* – Que ela, que ela é desaver... desavergonhada... eu bem sei, sei muito bem... e cá sinto, e cá sinto... mas em aten... em aten... em atenção a mim... minha mãe... minha mãe devia ceder...

FABIANA – Ceder, eu? Quando ela não tem a menor atenção comigo? Hoje nem bons dias me deu.

SABINO, *gago somente* – Vou fazer com que ela venha... com que ela venha pedir perdão... e dizer-lhe que isto assim... que isto assim não me convém., e se ela, se ela persistir... vai tudo raso... com com pancadaria...

FABIANA – Ainda bem que tomaste uma resolução.

## CENA VII

*Nicolau e os ditos.*

NICOLAU – Ó senhora?

FABIANA – O que me quer?

NICOLAU – Oh, já chegaste, Sabino? As flores de cera para os tocheiros?

SABINO, *gago* – Ficaram prontas e já foram para a igreja.

NICOLAU – Muito bem; agora vai vestir o hábito, que são horas de sairmos. Vai, anda.

SABINO – Sim, senhor. *(A Fabiana:)* Vou ordenar que lhe venha pedir perdão e fazer as pazes. *(Vai-se.)*

## CENA VIII

### Nicolau e Fabiana

NICOLAU – Os teus brincos de brilhantes e os teus adereços, para nossos filhos levarem? Quero que sejam os anjinhos mais ricos... Que glória para mim! Que inveja terão!

FABIANA – Homem, estão lá na gaveta. Tire tudo quanto quiser, mas deixe-me a paciência...

NICOLAU – Verás que anjinhos asseados e ricos! *(Chamando:)* Ó Eduardo? Eduardo? Meu genro?

EDUARDO, *dentro* – Que é lá?

NICOLAU – Olha que são horas. Veste-te depressa, que a procissão não tarda a sair.

EDUARDO, *dentro* – Sim, senhor.

FABIANA – Ainda a mania deste é inocente... Assim tratasse ele da família.

NICOLAU – Verás, mulher, verás que guapos ficam nossos filhinhos... Tu não os irás ver passar?

FABIANA – Sai de casa quem a tem em paz. *(Ouve-se dobrar os sinos.)*

NICOLAU – É o primeiro sinal! Sabino, anda depressa! Eduardo? Eduardo?

EDUARDO, *dentro* – Sim, senhor.

SABINO, *dentro* – Já vou, senhor.

NICOLAU – Já lá vai o primeiro sinal! Depressa, que já saiu... Sabino? Sabino? Anda, filho... *(Correndo para dentro:)* Ah, sr. Bernardo, vista os pequenos... Ande, ande! Jesus, chegarei tarde! *(Vai-se.)*

## CENA IX

*Fabiana e depois Paulina.*

FABIANA – É o que se vê... Deus lhe dê um zelo mais esclarecido...

PAULINA, *entrando e à parte* – Bem me custa...

FABIANA, *vendo-a e à parte* – Oh, a desavergonhada de minha nora!

PAULINA, *à parte* – Em vez de conciliar-me, tenho vontade de dar-lhe uma descompostura.

FABIANA, *à parte* – Olhem aquilo! Não sei por que não a descomponho já!

PAULINA, *à parte* – Mas é preciso fazer a vontade a meu marido...

FABIANA, *à parte* – Se não fosse por amor da paz... *(Alto:)* Tem alguma coisa que dizer-me?

PAULINA, *à parte* – Maldita suçurana! *(Alto:)* Sim senhora, e a rogos de meu marido é que aqui estou.

FABIANA – Ah, foram a rogos seus? O que lhe rogou ele?

PAULINA – Que era tempo de se acabarem essas desavenças em que andamos...

FABIANA – Mais que tempo...

PAULINA – E eu dei-lhe a minha palavra que faria todo o possível para de hoje em diante vivermos em paz... e que principiaria por pedir-lhe perdão, como faço, dos agravos que de mim tem...

FABIANA – Quisera Deus que assim tivesse sido desde princípio! E acredite, menina, que prezo muito a paz doméstica, e que minha maior satisfação é viver bem com vocês todos.

PAULINA – De hoje em diante espero que assim seja. Não levantarei a voz nesta casa sem vosso consentimento. Não darei uma ordem sem vossa permissão... Enfim, serei uma filha obediente e submissa.

FABIANA – Só assim poderemos viver juntos. Dá cá um abraço. *(Abraça-a.)* És uma boa rapariga... Tens um bocadinho de gênio; mas quem não o tem?

PAULINA – Hei de moderá-lo...

FABIANA – Olha, minha filha, e não tornes a culpa a mim. É impossível haver em uma casa mais de uma senhora. Havendo, é tudo uma confusão...

PAULINA – Tem razão. E quando acontece haver duas, toca à mais velha o governar.

FABIANA – Assim é.

PAULINA – A mais velha tem sempre mais experiência...

FABIANA – Que dúvida!

PAULINA – A mais velha sabe o que convém...

FABIANA – Decerto.

PAULINA – A mais velha conhece melhor as necessidades...

FABIANA, *à parte* – A mais velha!...

PAULINA, *com intenção* – A mais velha deve ter mais juízo...

FABIANA – A mais velha, a mais velha... Que modo de falar é esse?

PAULINA, *o mesmo* – Digo que a mais velha...

FABIANA, *desbaratando* – Desavergonhada! A mim, velha!...

PAULINA, *com escárnio* – Pois então?

FABIANA, *desesperada* – Salta daqui! Salta!

PAULINA – Não quero, não recebo ordens de ninguém.

FABIANA – Ai, ai, que estalo! Assim insultar-me, este belisco!

PAULINA – Esta coruja!

FABIANA, *no maior desespero* – Sai, sai do pé de mim, que minhas mãos já comem!

PAULINA – Não faço caso...

FABIANA – Atrevida, malcriada! Desarranjada! Peste! Mirrada! Estupor! Linguaruda! Insolente! Desavergonhada!

PAULINA, *ao mesmo tempo* – Velha, tartaruga, coruja, arca de Noé!

Antigualha! Múmia! Centopéia! Pergaminho! Velhusca, velha, velha! *(Fabiana e Paulina acabam gritando ao mesmo tempo, chegando-se uma para a outra; finalmente agarram-se. Nisto acode Sabino, em mangas de camisa, e com o hábito na mão.)*

## CENA X

*As ditas, Sabino, Olaia e Eduardo. Sabino entra, Eduardo e Olaia o seguem.*

SABINO, *vendo-as pegadas* – Que diabo é isto? *(Puxa pela mulher.)*

OLAIA, *ao mesmo tempo* – Minha mãe! *(Puxando-a.)*

FABIANA, *ao mesmo tempo* – Deixa-me! Desavergonhada!

PAULINA, *ao mesmo tempo* – Larga-me! Velha! Velha! *(Sabino, não podendo tirar a mulher, lança-lhe o hábito pela cabeça e a vai puxando à força até a porta do quarto; e depois de a empurrar para dentro, fecha a porta a chave. Fabiana quer seguir Paulina.)*

OLAIA, *retendo a mãe* – Minha mãe! Minha mãe!

EDUARDO, *puxando Olaia pelo braço* – Deixa-as lá brigar. Vem dar-me o hábito.

OLAIA – Minha mãe!

EDUARDO – Vem dar-me o hábito! *(Arranca Olaia com violência de junto de Fabiana e a vai levando para dentro, e sai.)*

FABIANA, *vendo Sabino fechar Paulina e sair* – É um inferno! É um inferno!

SABINO, *seguindo-a* – Minha mãe! *(Fabiana segue para dentro.)*

NICOLAU, *entrando* – O que é isto?

FABIANA, *sem atender, seguindo* – É um inferno! É um inferno!

NICOLAU, *seguindo-a* – Senhora! *(Vão-se.)*

## CENA XI

*Sabino e depois Paulina.*

SABINO – Isto assim não pode ser! Não me serve; já não posso com minha mulher!

PAULINA, *entrando pela segunda porta, esquerda* – Onde está esta velha? *(Sabino, vendo a mulher, corre para o quarto e fecha a porta. Paulina:)* Ah, corres? *(Segue-o e esbarra-se na porta que ele fecha.)* Deixa estar, que temos também que conversar... Pensam que hão de me levar assim? Enganam-se. Por bons modos, tudo... Mas à força... Ah, será bonito quem o conseguir!

OLAIA *entra chorando* – Vou contar a minha mãe!

PAULINA – Psiu! Venha cá; também temos contas que justar. *(Olaia vai seguindo para a segunda porta da direita. Paulina:)* Fale quando se lhe fala, não seja malcriada!

OLAIA, *na porta, voltando-se* – Malcriada será ela... *(Vai-se.)*

PAULINA – Hem?

## CENA XII

*Eduardo, de hábito, trazendo a rabeca, e a dita.*

EDUARDO – Paulina, que é de Olaia?

PAULINA – Lá vai para dentro choramingando, contar não sei o que à mãe.

EDUARDO – Paulina, minha irmã, este modo de viver que levamos já não me agrada.

PAULINA – Nem a mim.

EDUARDO – Nossa sogra é uma velha de todos os mil diabos. Leva desde pela manhã até à noite a gritar... O que me admira é que ainda não estourasse pelas goelas... Nosso sogro é um pacóvio, um banana, que não cuida senão em acompanhar procissões. Não lhe tirem a tocha da mão, que está satisfeitíssimo... Teu marido é um ga... ga... ga... ga... que quando fala faz-me arrelia, sangue pisado. E o diabo que o ature, agora que lhe deu em falar cantando... Minha mulher tem aqueles olhos que parecem fonte perene... Por dá cá aquela palha, aí vêm as lágrimas aos punhos. E logo atrás: Vou contar à minha mãe... E no meio de toda esta matinada não tenho tempo de estudar um só instante que seja, tranquilamente, a minha rabeca. E tu também fazes sofrivelmente teu pé de cantiga na algazarra desta casa.

PAULINA – E tu, não? Pois olha esta tua infernal rabeca!

EDUARDO – Infernal rabeca! Paulina, não fales mal da minha rabeca; senão perco-te o amor de irmão. Infernal! Sabes tu o que dizes? O rei dos instrumentos, infernal!

PAULINA, *rindo* – A rabeca deve ser rainha...

EDUARDO – Rei e rainha, tudo. Ah, desde a noite em que pela primeira vez ouvi no Teatro de S. Pedro de Alcântara os seus harmoniosos, fantásticos, salpicados e repinicados sons, senti-me outro. Conheci que tinha vindo ao mundo para artista rabequista. Comprei uma rabeca – esta que aqui vês. Disse-me o belchior que a vendeu, que foi de Paganini. Estudei, estudei... Estudo, estudo...

PAULINA – E nós o pagamos.

EDUARDO – Oh, mas tenho feito progressos estupendíssimos! Já toco o Tremolo de Bériot... Estou agora compondo um tremulório e tenho ainda em vista compor um tremendíssimo tremolo.

PAULINA – O que aí vai!...

EDUARDO – Verás, hei de ser insigne! Viajarei por toda a Europa, África e Ásia; tocarei diante de todos os soberanos e figurões da época, e quando de lá voltar trarei este peito coberto de grã-cruzes, comendas, hábitos, etc., etc. Oh, por lá é que se recompensa o verdadeiro mérito... Aqui, julgam que fazem tudo pagando com dinheiro. Dinheiro! Quem faz caso de dinheiro?

PAULINA – Todos. E para ganhá-lo é que os artistas cá vêm.

EDUARDO – Paulina, o artista quando vem ao Brasil, digo, quando se digna vir ao Brasil, é por compaixão que tem do estado de embrutecimento em que vivemos, e não por um cálculo vil e interesseiro. Se lhe pagam, recebe, e faz muito bem; são princípios da arte...

PAULINA – E depois das algibeiras cheias, safa-se para as suas terras, e comendo o dinheiro que ganhara no Brasil, fala mal dele e de seus filhos.

EDUARDO – Também isso são princípios de arte...

PAULINA – Qual arte?

EDUARDO – A do padre Antônio Vieira... Sabes quem foi esse?

PAULINA – Não.

EDUARDO – Foi um grande mestre de rabeca... Mas aí, que estou a parolar contigo, deixando a trovoada engrossar. Minha mulher está lá dentro com a mãe, e os mexericos fervem... Não tarda muito que as veja em cima de mim. Só tu podes desviar a tempestade e dar-me tempo para acabar de compor o meu tremulório.

PAULINA – E como?

EDUARDO – Vai lá dentro e vê se persuade a minha mulher que não se queixe à mãe.

PAULINA – Minha cunhada não me ouve, e...

EDUARDO, *empurrando-a* – Ouvir-te-á, ouvir-te-á, ouvir-te-á. Anda, minha irmãzinha, faze-me este favor.

PAULINA – Vou fazer um sacrifício, e não...

EDUARDO, *o mesmo* – E eu te agradecerei. Vai, vai...

## CENA XIII

EDUARDO, *só* – Muito bem! Agora que o meu parlamentário vai assinar o tratado de paz, assentemo-nos e estudemos um pouco. *(Assenta-se.)* O homem de verdadeiro talento não deve ser imitador; a imitação mata a originalidade e nessa é que está a transcendência e especialidade do indivíduo. Bériot, Paganini, Bassini e Charlatinini muito inventaram, foram homens especiais e únicos na sua individualidade. Eu também quis inventar, quis ser único, quis ser apontado a dedo... Uns tocam com o arco... *(N. B.: Deve fazer os movimentos, segundo os vai mencionando.)* Isto veio dos primeiros inventores; outros tocam com as costas do arco... ou com uma varinha... Este imita o canto dos passarinhos... zurra como burro... e repinica cordas... Aquele toca abaixo do cavalete, toca em cima no braço... e saca-lhe sons tão tristes e lamentosos capazes de fazer chorar um bacalhau... Estoutro arrebenta três cordas e toca só com uma, e creio mesmo que será capaz de arrebentar as quatro e tocar em seco... Inimitável instrumentinho, por quantas modificações e glórias não tens passado? Tudo se tem feito de ti, tudo. Tudo? *(Levantando-se entusiasmado:)* Tudo não; a arte não tem limites para o homem de talento criador... Ou eu havia de inventar um meio novo, novíssimo de tocar rabeca, ou havia de morrer... Que dias passei sem comer e beber; que noites sem dormir! Depois de muito pensar e cismar, lembrei-me de tocar nas costas da rabeca... Tempo perdido, não se ouvia nada. Quase enlouqueci. Pus-me de novo a pensar... Pensei... cismei... parafusei... parafusei... pensei... pensei... Dias, semanas e meses... Mas enfim, ah, ideia luminosa penetrou este cansado cérebro e então reputei-me inventor original, como o mais pintado! Que digo? Mais do que qualquer deles... Até agora esses aprendizes de rabeca desde Saëns até Paganini, coitados, têm inventado somente modificações do modo primitivo: arco para aqui ou para ali... Eu, não, inventei um modo novo, estupendo e desusado: eles tocam rabeca com o arco, e eu toco a rabeca no arco - eis a minha descoberta! *(Toma o arco na mão esquerda, pondo-o na posição da rabeca; pega nesta com a direita e a corre sobre o arco.)* É esta a invenção que há de cobrir-me de glória e nomeada e levar meu nome à imortalidade... Ditoso Eduardo! Grande homem! Insigne artista!

### CENA XIV

*Fabiana e Eduardo.*

FABIANA, *falando para dentro* – Verás como o ensino! *(Vendo Eduardo:)* Oh, muito estimo encontrá-lo.

EDUARDO – Ai, que não me deixam estudar?

FABIANA – Pois você, sô mandrião, rabequista das dúzias, tem o atrevimento de insultar e espancar...

EDUARDO – Então acha a senhora que uma arcada nos dedos é espancar?

FABIANA – E por que lhe deu o senhor com o arco nos dedos?

EDUARDO – Porque não voltou a música a tempo, fazendo-me assim perder dois compassos... Dois compassos de Bériot!

FABIANA – Pois se os perdeu, anunciasse pelos jornais e prometesse alvíssaras, que eu havia dá-las, mas havia de ser a quem te achasse o juízo, cabeça de avelã! Ora, que estafermo este! Não me dirão para que serve semelhante figura? Ah, se eu fosse homem havia de tocar com esse arco, mas havia ser no espinhaço; e essa rabeca havia de a fazer em estilhas nessa cabeça desmiolada... Não arregale os olhos, que não me mete medo.

EDUARDO, *enquanto Fabiana fala, vai-se chegando para junto dela e lhe diz na cara, com força* – Velha! *(Volta, quer entrar no seu quarto.)*

FABIANA – Mariola! *(Segura-lhe no hábito. Eduardo dá com o arco nos dedos de Fabiana. Vai-se. Fabiana, largando o hábito:)* Ai, que me quebrou os dedos!

## CENA XV

*Entra Olaia e após ela Paulina.*

OLAIA – Falta de educação será ela! *(Encaminhando-se para o quarto.)*

PAULINA – Cala-me o bico!

OLAIA – Bico terá ela, malcriada!

FABIANA – O que é isto? *(Olaia entra no quarto sem dar atenção.)*

PAULINA – Deixa estar, minha santinha de pau oco, que te hei de dar educação, já que tua mãe não te deu... *(Entra no seu quarto.)*

FABIANA – Psiu, como é isso?... *(Vendo Paulina entrar no quarto:)* Ah! *(Chama:)* Sabino! Sabino! Sabino!

**CENA XVI**

*Sabino, de hábito, e Fabiana.*

SABINO, *entrando* – O que temos, minha mãe?

FABIANA – Tu és homem?

SABINO – Sim, senhora, e prezo-me disso.

FABIANA – Que farias tu a quem insultasse tua mãe e espancasse uma irmã?

SABINO – Eu? Dava-lhe quatro canelões.

FABIANA – Só quatro?

SABINO – Darei mais, se for preciso.

FABIANA – Está bem, em tua mulher basta que só dês quatro.

SABINO – Em minha mulher? Eu não dou em mulheres...

FABIANA – Pois então vai dar em teu cunhado, que espancou a tua mãe e a tua irmã.

SABINO – Espancou-as?

FABIANA – Vê como tenho os dedos roxos, e ela também.

SABINO – Oh, há muito tempo que tenho vontade de lhe ir ao pelo, cá por muitas razões... Chegou o dia...

FABIANA – Assim, meu filhinho da minha alma; dá-lhe uma boa sova! Ensina-lhe a ser bem-criado.

SABINO – Deixe-o comigo.

FABIANA – Quebra-lhe a rabeca nos queixos.

SABINO – Verá.

FABIANA – Anda, chama-o cá para esta sala, lá dentro o quarto é pequeno e quebraria os trastes, que não são dele... Rijo, que eu vou para dentro atiçar também teu pai... *(Encaminha-se para o fundo, apressada.)*

SABINO *principia a despir o hábito* – Eu o ensinarei...

FABIANA, *da porta* – Não te esqueças de lhe quebrar a rabeca nos queixos...

## CENA XVII

SABINO, *só, continuando a tirar o hábito* – Já é tempo; não posso aturar este meu cunhado! Dá conselhos à minha mulher; ri-se quando eu falo; maltrata minha mãe... Pagará tudo por junto... *(Arregaçando as mangas da camisa:)* Tratante! *(Chega à porta do quarto de Eduardo.)* Senhor meu cunhado?

EDUARDO, *dentro* – Que é lá?

SABINO – Faça o favor de vir cá fora.

## CENA XVIII

*Eduardo e Sabino.*

EDUARDO, *da porta* – O que temos?

SABINO – Temos que conversar.

EDUARDO, *gaguejando* – Não sabe quanto estimo...SABINO, *muito gago e zangado* – O senhor arremeda-me!

EDUARDO, *no mesmo* – Não sou capaz...

SABINO, *tão raivoso, que se sufoca* – Eu... eu... eu... eu...

EDUARDO, *falando direito* – Não se engasgue, dê cá o caroço...

SABINO *fica tão sufocado, que para exprimir-se rompe a fala no tom da polca* – Eu já.. eu já não posso... por mais tempo me conter. hoje mesmo... hoje mesmo... leva tudo o diabo...

EDUARDO *desata a rir* – Ah, ah, ah!

SABINO – Pode rir-se, pode rir-se... sô patife, hei de ensiná-lo...

EDUARDO, *cantando como Sabino* – Há de ensinar-me. mas há de ser... mas há de ser... mas há de ser a polca. *(Dança.)*

SABINO – Maroto! *(Lança-se sobre Eduardo e atracam-se, gritando ambos: Maroto! Patife! Diabo! Gago! Eu te ensinarei! – Etc., etc.)*

## CENA XIX

*Olaia e Paulina.*

PAULINA, *entrando* – Que bulha é essa? Ah!

OLAIA, *entrando* – O que é... Ah! *(Paulina e Olaia vão apartar os dois que brigam. Olaia:)* Eduardo! Eduardo! Meu irmão! Sabino! *(Etc.)*

PAULINA – Sabino! Sabino! Meu irmão! Eduardo! *(Eduardo e Sabino continuam a brigar e descomporem-se. Paulina, para Olaia:)* Tu é que tens a culpa!

OLAIA, *para Paulina* – Tu é que tens!

PAULINA, *o mesmo* – Cala esse bico!

OLAIA, *o mesmo* – Não seja tola!

PAULINA, *o mesmo* – Mirrada!

OLAIA, *o mesmo* – Tísica! *(Paulina e Olaia atiram-se uma à outra e brigam à direita. Eduardo e Sabino, sempre brigando à esquerda.)*

## CENA XX

*Fabiana e os ditos.*

FABIANA – Que bulha é esta? Ah! *(Corre para as moças.)* Então, o que é isto? Meninas! Meninas! *(Procura apartá-las.)*

## CENA XXI

*Entra Nicolau apressado, trazendo pela mão dois meninos vestidos de anjinhos.*

NICOLAU – O que é isto? Ah, a brigarem! *(Larga os meninos e vai para os dois.)* Sabino! Eduardo! Então?... Então, rapazes?...

FABIANA, *indo a Nicolau* – Isto são obras tuas! *(Puxando pelo hábito:)* Volta-te para cá; tu é que tens culpa...

NICOLAU – Deixa-me! Sabino!

FABIANA – Volta-te para cá... *(Nicolau dá com o pé para trás, alcança-a. Fabiana:)* Burro!... *(Agarra-lhe nas goelas, o que o obriga a voltar-se e atracarem-se.)*

OS DOIS ANJINHOS – Mamãe! Mamãe! *(Agarram-se ambos a Fabiana; um deles empurra o outro, que deve cair; levanta-se e atraca-se com o que o empurra, e deste modo Fabiana, Nicolau, Sabino, Eduardo, Olaia, Paulina, 1.º, 2.º Anjinhos, todos brigam e fazem grande algazarra.)*

## CENA XXII

*Anselmo e os ditos, brigando.*

ANSELMO – O que é isto? O que é isto? *(Todos, vendo Anselmo apartam-se.)*

FABIANA – Oh, é o senhor? Muito estimo...

PAULINA e EDUARDO – Meu pai!

ANSELMO – Todos a brigarem!... *(Todos se dirigem a Anselmo, querendo tomar a dianteira para falarem; cada um puxa para seu lado a reclamarem serem atendidos; falam todos ao mesmo tempo. Grande confusão, etc.)*

FABIANA, *ao mesmo tempo* – Muito estimo que viesse, devia ver com seus próprios olhos... o desaforo de seus filhos... Fazem desta casa um inferno! Eu já não posso; leve-os, leve-os, são dois demônios. Já não posso!

NICOLAU, *ao mesmo tempo* – Sabe que mais? Carregue seus filhos daqui para fora; não me deixam servir a Deus... Isto é uma casa de Orates... Carregue-os, carregue-os, senão fazem-me perder a alma... Nem mais um instante...

SABINO, *falando ao mesmo tempo no tom do miudinho* – Se continuo a viver assim junto, faço uma morte. Ou o senhor, que é meu sogro, ou meu pai, deem-me dinheiro... dinheiro ou casa, ou leva tudo o diabo... o diabo...

PAULINA, *ao mesmo tempo* – Meu pai, já não posso; tire-me deste inferno, senão, morro! Isto não é viver... Minha sogra, meu marido, minha cunhada maltratam-me... Meu pai, leve-me, leve-me daqui...

EDUARDO – Meu pai, não fico aqui nem mais um momento. Não me deixam estudar a minha rabeca... É uma bulha infernal, uma rixa desde pela manhã até a noite; nem um instante eu tenho para tocar...

OLAIA – Senhor, se isto assim continua, fujo de casa... Abandono marido, tudo, tudo... Antes quero viver só do meu trabalho, do que assim. Não posso, não posso, não quero... Nem mais um instante... É um tormento... *(Os dois Anjinhos, enquanto estas falas se recitam, devem chorar muito.)*

ANSELMO – Com mil diabos, assim não entendo nada!

FABIANA – Digo-lhe que...

NICOLAU – Perderei a alma...

SABINO – Se eu não...

EDUARDO – Nada estudo...

PAULINA – Meu pai, se...

OLAIA – Nesta casa... *(Todos gritam ao mesmo tempo.)*

ANSELMO, *batendo o pé* – Irra, deixem-me falar!

FABIANA – Pois fale...

ANSELMO – Senhora, recebi a vossa carta e sei qual a causa das contendas e brigas em que todos viveis. Andamos muito mal, a experiência o tem mostrado, em casarmos nossos filhos e não lhe darmos casa para morarem. Mas ainda estamos em tempo de remediar o mal... Meu filho, aqui está a chave de uma casa que para ti aluguei. *(Dá-lhe.)*

EDUARDO – Obrigado. Só assim poderei estudar tranquilo e compor o tremendíssimo...

ANSELMO – Filha, dá esta outra chave a teu marido. É a da tua nova casa...

PAULINA, *tomando-a* – Mil graças, meu pai. *(Dá a chave a Sabino.)*

FABIANA – Agora, sim...

ANSELMO – Estou certo de que em bem pouco tempo verei reinar entre vós todos a maior harmonia e que visitando-vos mutuamente e...

TODOS, *uns para os outros* – A minha casa está às vossas ordens. Quando quiser...

ANSELMO – Muito bem. *(Ao público:)* E vós, senhores, que presenciastes estas desavenças domésticas, recordai-vos sempre que...

TODOS – Quem casa, quer casa. *(Cai o pano.)*

## FIM

# O Juiz de Paz da Roça

*Personagens*

JUIZ DE PAZ

ESCRIVÃO DO JUIZ DE PAZ

MANUEL JOÃO, lavrador (guarda nacional).

MARIA ROSA, sua mulher.

ANINHA, sua filha.

JOSÉ (DA FONSECA), amante de Aninha.

Lavradores:

INÁCIO JOSÉ

JOSÉ DA SILVA

FRANCISCO ANTÔNIO

MANUEL ANDRÉ

SAMPAIO

TOMÁS JOSEFA

GREGÓRIO

(Negros)

(A cena é na roça.)

## ATO ÚNICO

### CENA I

*Sala com porta no fundo. No meio uma mesa, junto da qual estarão cosendo Maria Rosa e Aninha.*

MARIA ROSA — Teu pai hoje tarda muito.

ANINHA — Ele disse que tinha hoje muito que fazer.

MARIA ROSA — Pobre homem! Mata-se com tanto trabalho! É quase meio-dia e ainda não voltou. Desde as quatro horas da manhã que saiu; está só com uma xícara de café.

ANINHA — Meu pai quando principia um trabalho não gosta de o largar, e minha mãe bem sabe que ele tem só a Agostinho.

MARIA ROSA — É verdade. Os meias-caras[1] agora estão tão caros! Quando havia valongo[2] eram mais baratos.

ANINHA — Meu pai disse que quando desmanchar o mandiocal grande há de comprar uma negrinha para mim.

MARIA ROSA — Também já me disse.

ANINHA — Minha mãe já preparou a jacuba[3] para meu pai?

MARIA ROSA – É verdade! De que ia me esquecendo! Vai aí fora e traz dois limões *(Aninha sai.)* Se o Manuel João viesse e não achasse a jacuba pronta, tínhamos campanha velha. Do que me tinha esquecido! *(Entra Aninha.)*

ANINHA — Aqui estão os limões.

MARIA ROSA — Fica tomando conta aqui, enquanto eu vou lá dentro. *(Sai.)*

---

1 Denominam-se os escravos contrabandeados vendidos depois da proibição do tráfico.

2 Denominam-se os escravos vendidos legalmente do mercado da rua do Valongo.

3 Bebida feita de água, farinha de mandioca, açúcar e mel.

ANINHA, só — Minha mãe já se ia demorando muito. Pensava que já não poderia falar com o senhor José, que está esperando-me debaixo dos cafezeiros. Mas como minha mãe está lá dentro, e meu pai não entra nesta meia hora, posso fazê-lo entrar aqui. *(Chega à porta e acena com o lenço.)* Ele aí vem.

## CENA II

*Entra José com calça e jaqueta branca.*

JOSÉ — Adeus, minha Aninha! *(Quer abraçá-la.)*

ANINHA — Fique quieto! Não gosto destes brinquedos. Eu quero casar-me com o senhor, mas não quero que me abrace antes de nos casarmos. Esta gente quando vai à Corte, vem perdida. Ora diga-me, concluiu a venda do bananal que seu pai lhe deixou?

JOSÉ — Concluí.

ANINHA — Se o senhor agora tem dinheiro, por que não me pede a meu pai?

JOSÉ — Dinheiro? Nem vintém!

ANINHA — Nem vintém! Então o que fez do dinheiro? É assim que me ama? *(Chora.)*

JOSÉ — Minha Aninha, não chores. Oh, se tu soubesses como é bonita a Corte! Tenho um projeto que te quero dizer.

ANINHA — Qual é?

JOSÉ — Você sabe que eu agora estou pobre como Jó, e então tenho pensado em uma coisa. Nós nos casaremos na freguesia, sem que teu pai o saiba; depois partiremos para a Corte e lá viveremos.

ANINHA — Mas como? Sem dinheiro?

JOSÉ — Não te dê isso cuidado: assentarei praça nos Permanentes.

ANINHA — E minha mãe?

JOSÉ — Que fique raspando mandioca, que é ofício leve. Vamos para a Corte, que você verá o que é bom.

ANINHA — Mas então o que é que há lá tão bonito?

JOSÉ — Eu te digo. Há três teatros, e um deles maior que o engenho do capitão-mor.

ANINHA — Oh, como é grande!

JOSÉ — Representa-se todas as noites. Pois uma mágica... Oh, isto é coisa grande!

ANINHA — O que é mágica?

JOSÉ — Mágica é uma peça de muito maquinismo.

ANINHA — Maquinismo?

JOSÉ — Sim, maquinismo. Eu te explico. Uma árvore se vira em uma barraca; paus viram-se em cobras, e um homem vira-se em macaco.

ANINHA — Em macaco! Coitado do homem!

JOSÉ — Mas não é de verdade.

ANINHA — Ah, como deve ser bonito! E tem rabo?

JOSÉ — Tem rabo, tem.

ANINHA — Oh, homem!

JOSÉ – Pois o curro dos cavalinhos! Isto é que é coisa grande! Há uns cavalos tão bem ensinados, que dançam, fazem mesuras, saltam, falam, etc. Porém o que mais me espantou foi ver um homem andar em pé em cima do cavalo.

ANINHA — Em pé? E não cai?

JOSÉ — Não. Outros fingem-se bêbados, jogam os socos, fazem exercício — e tudo isto sem caírem. E há um macaco chamado o macaco Major, que é coisa de espantar.

ANINHA — Há muitos macacos lá?

JOSÉ — Há, e macacas também.

ANINHA — Que vontade tenho eu de ver todas estas coisas!

JOSÉ — Além disto há outros muitos divertimentos. Na Rua do Ouvidor há um cosmorama, na Rua de São Francisco de Paula outro, e no

Largo uma casa aonde se veem muitos bichos cheios, muitas conchas, cabritos com duas cabeças, porcos com cinco pernas, etc.

ANINHA — Quando é que você pretende casar-se comigo?

JOSÉ — O vigário está pronto para qualquer hora.

ANINHA — Então, amanhã de manhã.

JOSÉ — Pois sim. *(Cantam dentro.)*

ANINHA — Aí vem meu pai! Vai-te embora antes que ele te veja.

JOSÉ — Adeus, até amanhã de manhã.

ANINHA — Olhe lá, não falte! *(Sai José.)*

### CENA III

ANINHA, *só* — Como é bonita a Corte! Lá é que a gente se podo divertir, e não aqui, aonde não se ouve senão os sapos e as entanhas cantarem. Teatros, mágicas, cavalos que dançam, cabeças com dois cabritos, macaco major Quanta coisa! Quero ir para a Corte!

### CENA IV

*Entra Manuel João com uma enxada no ombro, vestido de calças de ganga[4] azul, com uma das pernas arregaçada, japona de baeta[5] azul e descalço. Acompanha-o um negro com um cesto na cabeça e uma enxada no ombro, vestido de camisa e calça de algodão.*

ANINHA — Abença, meu pai.

MANUEL JOÃO — Adeus, rapariga. Aonde está tua mãe?

ANINHA — Está lá dentro preparando a jacuba.

---

4  Tecido grosseiro de algodão.
5  Tecido felpudo de lã.

MANUEL JOÃO — Vai dizer que traga, pois estou com muito calor. *(Aninha sai. M. João, para o negro:)* Olá, Agostinho, leva estas enxadas lá para dentro e vai botar este café no sol. *(O preto sai. Manuel João senta-se.)* Estou que não posso comigo; tenho trabalhado como um burro!

## CENA V

*Entra Maria Rosa com uma tigela na mão, e Aninha a acompanha.*

MANOEL JOÃO — Adeus, Senhora Maria Rosa.

MARIA ROSA — Adeus, meu amigo. Estás muito cansado?

MANUEL JOÃO — Muito. Dá-me cá isso.

MARIA ROSA — Pensando que você viria muito cansado, fiz a tigela cheia.

MANUEL JOÃO — Obrigado. *(Bebendo.)* Hoje trabalhei como gente... Limpei o mandiocal, que estava muito sujo... Fiz uma derrubada do lado de Francisco Antônio... Limpei a vala de Maria do Rosário, que estava muito suja e encharcada, e logo pretendo colher café. Aninha?

ANINHA — Meu pai?

MANUEL JOÃO — Quando acabares de jantar, pega em um samburá[6] e vai colher o café que está à roda da casa.

ANINHA — Sim senhor.

MANUEL JOÃO — Senhora, a janta está pronta?

MARIA ROSA — Há muito tempo.

MANUEL JOÃO — Pois traga.

MARIA ROSA — Aninha, vai buscar a janta de teu pai. *(Aninha sai.)*

MANUEL JOÃO — Senhora, sabe que mais? É preciso casarmos esta rapariga.

MARIA ROSA — Eu já tenho pensado nisto; mas nós somos pobres, e quem é pobre não casa.

---

6   Espécie de cesto de vime.

MANUEL JOÃO — Sim senhora, mas uma pessoa já me deu a entender que logo que puder abocar três ou quatro meias-caras destes que se dão, me havia de falar nisso... Com mais vagar trataremos deste negócio. *(Entra Aninha com dois pratos e os deixa em cima da mesa.)*

ANINHA — Minha mãe, a carne seca acabou-se.

MANUEL JOÃO — Já?!

MARIA ROSA — A última vez veio só meia arroba.

MANUEL JOÃO — Carne boa, não faz conta, voa. Assentem-se e jantem. *(Assentam-se todos e comem com as mãos. O jantar consta de carne seca, feijão e laranjas.)* Não há carne seca para o negro?

ANINHA — Não, senhor.

MANUEL JOÃO — Pois coma laranjas com farinha, que não é melhor do que eu. Esta carne está dura como um couro... Irra! Um dia destes eu... Diabo de carne!.., hei de fazer uma plantação... Lá se vão os dentes!... Deviam ter botado esta carne de molho no corgo...Que diabo de laranjas tão azedas! *(Batem à porta.)* Quem é? *(Logo que Manuel João ouve bater na porta, esconde os pratos na gaveta e lambe os dedos.)*

ESCRIVÃO, *dentro* — Dá licença. Senhor Manuel João?

MANUEL JOÃO — Entre quem é.

ESCRIVÃO, *entrando* — Deus esteja nesta casa.

MARIA ROSA e MANUEL JOÃO — Amém.

ESCRIVÃO — Um criado da Senhora Dona e da Senhora Doninha.

MARIA ROSA e ANINHA — Uma sua criada. *(Cumprimentam.)*

MANUEL JOÃO — O senhor por aqui a estas horas é novidade.

ESCRIVÃO — Venho da parte do senhor Juiz de Paz intimá-lo para levar um recruta à cidade.

MANUEL JOÃO — Ó homem, não há mais ninguém que sirva para isto?

ESCRIVÃO — Todos se recusam do mesmo modo, e o serviço, no entanto, há de se fazer.

MANUEL JOÃO — Sim, os pobres é que o pagam.

ESCRIVÃO — Meu amigo, isto é falta de patriotismo. Vós bem sabeis que é preciso mandar gente para o Rio Grande; quando não, perdemos esta província.

MANUEL JOÃO — E que me importa eu com isso? Quem as armou que as desarme.

ESCRIVÃO — Mas, meu amigo, os rebeldes têm feito por lá horrores!

MANUEL JOÃO — E que quer o senhor que se lhe faça? Ora é boa!

ESCRIVÃO — Não diga isto, senhor Manuel João, a rebelião...

MANUEL JOÃO, *gritando* — E que me importa eu com isso?... E o senhor a dar-lhe...

ESCRIVÃO, *zangado* — O senhor juiz manda dizer-lhe que se não for, irá preso.

MANUEL JOÃO — Pois diga com todos os diabos ao senhor juiz que lá irei.

ESCRIVÃO, *à parte* – Em boa hora o digas. Apre! custou-me achar um guarda... Às vossas ordens.

MANUEL JOÃO — Um seu criado.

ESCRIVÃO — Sentido nos seus cães.

MANUEL JOÃO — Não mordem.

ESCRIVÃO — Senhora Dona, passe muito bem. *(Sai o Escrivão.)*

MANUEL JOÃO — Mulher, arranja esta sala, enquanto me vou fardar. *(Sai Manuel João.)*

## CENA VI

MARIA ROSA — Pobre homem! Ir à cidade somente para levar um preso! Perder assim um dia de trabalho...

ANINHA — Minha mãe, pra que é que mandam a gente presa para a cidade?

MARIA ROSA — Pra irem à guerra.

ANINHA — Coitados!

MARIA ROSA — Não se dá maior injustiça! Manuel João está todos os dias vestindo a farda. Ora pra levar presos. ora pra dar nos quilombos... É um nunca acabar.

ANINHA — Mas meu pai pra que vai?

MARIA ROSA — Porque o Juiz de Paz o obriga.

ANINHA — Ora, ele podia ficar em casa; e se o Juiz de Paz cá viesse buscá-lo, não tinha mais que iscar a Jiboia e a Boca-Negra.

MARIA ROSA — És uma tolinha! E a cadeia ao depois?

ANINHA — Ah, eu não sabia.

## CENA VII

*Entra Manuel João com a mesma calça e jaqueta de chita, tamancos, barretina da Guarda Nacional, cinturão com baioneta e um grande pau na mão.*

MANUEL JOÃO, *entrando* — Estou fardado. Adeus, senhora, até amanhã. *(Dá um abraço.)*

ANINHA — Abença, meu pai.

MANUEL JOÃO — Adeus, menina.

ANINHA — Como meu pai vai à cidade, não se esqueça dos sapatos franceses que me prometeu.

MANUEL JOÃO — Pois sim.

MARIA ROSA — De caminho compre carne.

MANUEL JOÃO — Sim. Adeus, minha gente, adeus.

MARIA ROSA e ANINHA — Adeus! *(Acompanham-no até a porta.)*

MANUEL JOÃO, *à porta* — Não se esqueça de mexer a farinha e de dar que comer às galinhas.

MARIA ROSA — Não. Adeus! *(Sai Manuel João.)*

## CENA VIII

MARIA ROSA — Menina, ajuda-me a levar estes pratos para dentro. São horas de tu ires colher o café e de eu ir mexer a farinha... Vamos.

ANINHA — Vamos, minha mãe. *(Andando:)* Tomara que meu pai não se esqueça dos meus sapatos... *(Saem.)*

## CENA IX

*Sala em casa do Juiz de Paz. Mesa no meio com papéis; cadeiras. Entra o Juiz de Paz vestido de calça branca, rodaque[7] de riscado, chinelas verdes e sem gravata.*

JUIZ — Vamo-nos preparando para dar audiência. *(Arranja os papéis.)* O escrivão já tarda; sem dúvida está na venda do Manuel do Coqueiro... O último recruta que se fez já vai-me fazendo peso. Nada, não gosto de presos em casa. Podem fugir, e depois dizem que o juiz recebeu algum presente. *(Batem à porta.)* Quem é? Pode entrar. *(Entra um preto com um cacho de bananas e uma carta, que entrega ao Juiz. Juiz, lendo a carta:)* "Ilmo. Sr. — Muito me alegro de dizer a V. Sa. que a minha ao fazer desta é boa, e que a mesma desejo para V. Sa. pelos circunlóquios com que lhe venero." *(Deixando de ler:)* Circunlóquios. Que nome em breve! O que quererá ele dizer? Continuemos. *(Lendo:)* Tomo a liberdade de mandar a V. Sa. um cacho de bananas-maçãs para V. Sa. comer com a sua boca e dar também a comer à Sra. Juíza e aos Srs. Juizinhos. V. Sa. há de reparar na insignificância do presente; porém, Ilmo. Sr., as reformas da Constituição permitem a cada um fazer o que quiser, e mesmo fazer presentes; ora, mandando assim as ditas reformas, V. Sa. fará o favor de aceitar as ditas bananas, que diz minha Teresa Ova serem muito boas. No mais, receba as ordens de quem é seu venerador e tem

---
7 Tipo de casaco.

a honra de ser — Manuel André de Sapiruruca." Bom, tenho bananas para a sobremesa. Ó pai, leva estas bananas para dentro e entrega à senhora. Toma lá um vintém para teu tabaco. *(Sai o negro.)* O certo é que é bem bom ser Juiz de Paz cá pela roça. De vez em quando temos nossos presentes de galinhas, bananas, ovos, etc., etc. *(Batem à porta.)* Quem é?

ESCRIVÃO, *dentro* — Sou eu.

JUIZ — Ah, é o escrivão. Pode entrar.

## CENA X

ESCRIVÃO — Já intimei Manuel João para levar o preso à cidade.

JUIZ — Bom. Agora vamos nos preparar a audiência. *(Assentam-se ambos à mesa e o Juiz toca a campainha.)* Os senhores que estão lá fora no terreiro podem entrar. *(Entram todos os lavradores vestidos como roceiros; uns de jaqueta de chita, chapéu de palha, calças brancas de ganga, de tamancos, descalços; outros calçam os sapatos e meias quando entram, etc. Tomás traz um leitão debaixo do braço.)* Está aberta a audiência. Os seus requerimentos?

## CENA XI

*Inácio José, Francisco Antônio, Manuel André e Sampaio entregam seus requerimentos.*

JUIZ — Sr. Escrivão, faça o favor de ler.

ESCRIVÃO, *lendo* — Diz Inácio José, natural desta freguesia e casado com Josefa, sua mulher na face da Igreja, que precisa que Vossa Senhoria mande a Gregório degradado para fora da terra, pois teve o atrevimento de dar uma umbigada em sua mulher, na encruzilhada do Pau-Grande, que quase a fez abortar, da qual umbigada fez cair a dita sua mulher de pernas para o ar. Portanto, pede a Vossa Senhoria mande o dito Gregório degradado para Angola. Espera receber mercê[8].

---

8   No texto está a forma E.R.M. Preferi a expressão por extenso para conservar o tom coloquial.

JUIZ — É verdade, Sr. Gregório, que o senhor deu uma umbigada na senhora?

GREGÓRIO — É mentira, Sr. Juiz de Paz, eu não dou umbigadas em bruxas.

JOSEFA — Bruxa é a marafona de tua mulher, malcriado! Já não se lembra que me deu uma umbigada, e que me deixou uma marca roxa na barriga? Se o senhor quer ver, posso mostrar.

JUIZ — Nada, nada, não é preciso; eu o creio.

JOSEFA — Sr. Juiz, não é a primeira umbigada que este homem me dá; eu é que não tenho querido contar a meu marido.

JUIZ — Está bom, senhora, sossegue. Sr. Inácio José, deixe-se destas asneiras, dar umbigadas não é crime classificado no Código. Sr. Gregório, faça o favor de não dar mais umbigadas na senhora; quando não, arrumo-lhe com as leis às costas e meto-o na cadeia. Queiram-se retirar.

INÁCIO JOSÉ, *para Gregório* — Lá fora me pagarás.

JUIZ — Estão conciliados. *(Inácio José, Gregório e Josefa saem.)* Sr. Escrivão, leia outro requerimento.

ESCRIVÃO, *lendo* — "O abaixo-assinado vem dar os parabéns a V.Sa. por ter entrado com saúde no novo ano financeiro. Eu, Ilmo Sr. Juiz de Paz, sou senhor de um sítio que está na beira do rio, aonde dá muito boas bananas e laranjas, e como vem de encaixe, peço a V. Sa. o favor de aceitar um cestinho das mesmas que eu mandarei hoje à tarde. Mas, como ia dizendo, o dito sítio foi comprado com o dinheiro que minha mulher ganhou nas costuras e outras coisas mais; e, vai senão quando, um meu vizinho, homem da raça do Judas, diz que metade do sítio é dele. E então, que lhe parece, Sr. Juiz, não é desaforo? Mas, como ia dizendo, peço a V. Sa. para vir assistir à marcação do sítio. Manuel André. Espera receber mercê."

JUIZ — Não posso deferir por estar muito atravancado com um roçado; portanto, requeira ao suplente, que é o meu compadre Pantaleão.

MANUEL ANDRÉ — Mas, Sr. Juiz, ele também está ocupado com uma plantação.

JUIZ — Você replica? Olhe que o mando para a cadeia.

MANUEL ANDRÉ — Vossa Senhoria não pode prender-me à toa: a Constituição não manda.

JUIZ — A Constituição!... Está bem!... Eu, o Juiz de Paz, hei por bem derrogar a Constituição! Sr. Escrivão, tome termo que a Constituição está derrogada, e mande-me prender este homem.

MANUEL ANDRÉ — Isto é uma injustiça!

JUIZ — Ainda fala? Suspendo-lhe as garantias...

MANUEL ANDRÉ — É desaforo...

JUIZ, *levantando-se* — Brejeiro!... *(Manuel André corre; o Juiz vai atrás.)* Pega... Pega... Lá se foi... Que o leve o diabo. *(Assenta-se.)* Vamos às outras partes.

ESCRIVÃO, *lendo* — Diz João de Sampaio que, sendo ele "senhor absoluto de um leitão que teve a porca mais velha da casa, aconteceu que o dito acima referido leitão furasse a cerca do Sr. Tomás pela parte de trás, e com a sem-cerimônia que tem todo o porco, fossasse a horta do mesmo senhor. Vou a respeito de dizer, Sr. juiz, que o leitão, carece agora advertir, não tem culpa, porque nunca vi um porco pensar como um cão, que é outra qualidade de alimária e que pensa às vezes como um homem. Para V. Sa. não pensar que minto, lhe conto uma história: a minha cadela Tróia, aquela mesma que escapou de morder a V. Sa. naquela noite, depois que lhe dei uma tunda, nunca mais comeu na cuia com os pequenos. Mas vou a respeito de dizer que o Sr. Tomás não tem razão em querer ficar com o leitão só porque comeu três ou quatro cabeças de nabo. Assim, peço a V. Sa. que mande entregar-me o leitão. Espero receber mercê."

JUIZ — É verdade, Sr. Tomás, o que o Sr. Sampaio diz?

TOMÁS — É verdade que o leitão era dele, porém agora é meu.

SAMPAIO — Mas se era meu, e o senhor nem mo comprou, nem eu lho dei, como pode ser seu?

TOMÁS — É meu, tenho dito.

SAMPAIO — Pois não é, não senhor. *(Agarram ambos no leitão e puxam, cada um para sua banda.)*

JUIZ, *levantando-se* — Larguem o pobre animal, não o matem!

TOMÁS — Deixe-me, senhor!

JUIZ — Sr. Escrivão, chame o meirinho. *(Os dois apartam-se.)* Espere. Sr. Escrivão, não é preciso. *(Assenta-se.)* Meus senhores, só vejo um modo de conciliar esta contenda, que é darem os senhores este leitão de presente a alguma pessoa. Não digo com isso que mo dêem.

TOMÁS — Lembra Vossa Senhoria bem. Peço licença a Vossa Senhoria para lhe oferecer.

JUIZ — Muito obrigado. É o senhor um homem de bem, que não gosta de demandas. E que diz o Sr. Sampaio?

SAMPAIO — Vou a respeito de dizer que se Vossa Senhoria aceita, fico contente.

JUIZ — Muito obrigado, muito obrigado! Faça o favor de deixar ver. Ó homem, está gordo, tem toucinho de quatro dedos! Com efeito! Ora. Sr. Tomás, eu que gosto tanto de porco com ervilha!

TOMÁS — Se Vossa Senhoria quer, posso mandar algumas.

JUIZ — Faz-me muito favor. Tome o leitão e bote no chiqueiro quando passar. Sabe aonde é?

TOMÁS, *tomando o leitão* — Sim senhor.

JUIZ — Podem se retirar, estão conciliados.

SAMPAIO — Tenho ainda um requerimento que fazer.

JUIZ — Então, qual é?

SAMPAIO — Desejava que Vossa Senhoria mandasse citar a Assembleia Provincial.

JUIZ — Ó homem! Citar a Assembleia Provincial? E para quê?

SAMPAIO — Pra mandar fazer cercado de espinhos em todas as hortas.

JUIZ — Isto é impossível! A Assembleia Provincial não pode ocupar-se com estas insignificâncias.

TOMÁS — Insignificância, bem! Mas os votos que Vossa Senhoria pediu-me para aqueles sujeitos não era insignificância. Então me prometeu mundos e fundos.

JUIZ — Está bom, veremos o que poderei fazer. Queiram-se retirar. Estão conciliados; tenho mais que fazer. *(Saem os dois.)* Sr. Escrivão, faça o favor de... *(Levanta-se apressado e, chegando à porta, grita para fora:)* Ó Sr. Tomás! Não se esqueça de deixar o leitão no chiqueiro!

TOMÁS, *ao longe* — Sim senhor.

JUIZ, *assentando-se* — Era muito capaz de se esquecer. Sr. Escrivão, leia o outro requerimento.

ESCRIVÃO, *lendo* — Diz Francisco Antônio, natural de Portugal, porém brasileiro, que tendo ele casado com Rosa de Jesus, trouxe esta por dote uma égua. Ora, acontecendo ter a égua de minha mulher um filho, o meu vizinho José da Silva diz que é dele, só porque o dito filho da égua de minha mulher saiu malhado como o seu cavalo. Ora, como os filhos pertencem às mães, e a prova disto é que a minha escrava Maria tem um filho que é meu, peço a V. Sa. mande o dito meu vizinho entregar-me o filho da égua que é de minha mulher.

JUIZ — É verdade que o senhor tem o filho da égua preso?

JOSÉ DA SILVA — É verdade; porém, o filho me pertence, pois é meu, que é do cavalo.

JUIZ — Terá a bondade de entregar o filho a seu dono, pois é aqui da mulher do senhor.

JOSÉ DA SILVA — Mas, Sr. Juiz...

JUIZ — Nem mais nem meios mais; entregue o filho, senão, cadeia.

JOSÉ DA SILVA — Eu vou queixar-me ao Presidente.

JUIZ — Pois vá, que eu tomarei a apelação.

JOSÉ DA SILVA — E eu embargo.

JUIZ — Embargue ou não embargue, embargue com trezentos mil diabos, que eu não concederei revista no auto do processo!

JOSE DA SILVA — Eu lhe mostrarei, deixe estar.

JUIZ — Sr. Escrivão, não dê anistia a este rebelde, e mande-o agarrar para soldado.

JOSÉ DA SILVA, *com humildade* — Vossa Senhoria não se arrenegue! Eu entregarei o piquira[9].

JUIZ — Pois bem, retirem-se; estão conciliados. *(Saem os dois.)* Não há mais ninguém? Bom, está fechada a sessão. Hoje cansaram-me!

MANUEL JOÃO, *dentro* — Dá licença?

JUIZ — Quem é? Pode entrar.

MANUEL JOÃO, *entrando* — Um criado de Vossa Senhoria.

JUIZ — Oh, é o senhor? Queira ter a bondade de esperar um pouco, enquanto vou buscar o preso. *(Abre uma porta do lado.)* Queira sair para fora.

### CENA XII

*Entra José.*

JUIZ — Aqui está o recruta; queira levar para a cidade. Deixe-o no quartel do Campo de Santana e vá levar esta parte ao general. *(Dá-lhe um papel.)*

MANUEL JOÃO — Sim senhor. Mas, Sr. Juiz, isto não podia ficar para amanhã? Hoje já é tarde, pode anoitecer no caminho e o sujeitinho fugir.

JUIZ — Mas aonde há de ele ficar? Bem sabe que não temos cadeias.

MANUEL JOÃO — Isto é o diabo!

JUIZ — Só se o senhor quiser levá-lo para sua casa e prendê-lo até amanhã, ou num quarto, ou na casa da farinha.

MANUEL JOÃO — Pois bem, levarei.

JUIZ — Sentido que não fuja.

MANUEL JOÃO — Sim senhor. Rapaz, acompanha-me. *(Saem Manuel João e José.)*

---

9   Cavalo pequeno.

## CENA XIII

JUIZ — Agora vamos nós jantar. *(Quando se dispõem para sair, batem à porta.)* Mais um! Estas gentes pensam que um juiz é de ferro! Entre quem é!

## CENA XIV

*Entra Josefa com três galinhas penduradas na mão e uma cuia com ovos.*

JUIZ — Ordena alguma coisa?

JOSEFA — Trazia este presente para o Sr. Juiz. Queira perdoar não ser coisa capaz. Não trouxe mais porque a peste deu lá em casa, que só ficaram estas que trago, e a carijó que ficou chocando.

JUIZ — Está bom; muito obrigado pela sua lembrança. Quer jantar?

JOSEFA — Vossa Senhoria faça o seu gosto, que este é o meu que já fiz em casa.

JUIZ — Então, com sua licença.

JOSEFA — Uma sua criada. *(Sai.)*

## CENA XV

JUIZ, *com as galinhas nas mãos* — Ao menos com esta visita lucrei. Sr. Escrivão, veja como estão gordas! Levam a mão abaixo. Então, que diz?

ESCRIVÃO — Parecem uns perus.

JUIZ — Vamos jantar. Traga estes ovos. *(Saem.)*

## CENA XVI

*Casa de Manuel João. Entram Maria Rosa e Aninha com um samburá na mão.*

MARIA ROSA — Estou moída! Já mexi dois alqueires de farinha.

ANINHA — Minha mãe, aqui está o café.

MARIA ROSA — Bota aí. Aonde estará aquele maldito negro?

## CENA XVII

*Entram Manuel João e José.*

MANUEL JOÃO — Deus esteja nesta casa.

MARIA ROSA — Manuel João!...

ANINHA — Meu pai!...

MANUEL JOÃO, *para José* — Faça o favor de entrar.

ANINHA, *à parte* — Meu Deus, é ele!

MARIA ROSA — O que é isto? Não foste para a cidade?

MANUEL JOÃO — Não, porque era tarde e não queria que este sujeito fugisse no caminho.

MARIA ROSA — Então quando vais?

MANUEL JOÃO — Amanhã de madrugada. Este amigo dormirá trancado naquele quarto. Donde está a chave?

MARIA ROSA — Na porta.

MANUEL JOÃO — Amigo, venha cá. *(Chega à porta do quarto a diz:)* Ficará aqui até amanhã. Lá dentro há uma cama; entre. *(José entra.)* Bem, está seguro. Senhora, vamos para dentro contar quantas dúzias temos de bananas para levar amanhã para a cidade. A chave fica em cima da mesa; lembrem-me, se me esquecer. *(Saem Manuel João e Maria Rosa.)*

## CENA XVIII

ANINHA, *só* — Vou dar-lhe escapula. Mas como se deixou prender?... Ele me contará, vamos abrir. *(Pega na chave que está sobre a mesa e abre a porta.)* Saia para fora.

JOSÉ, *entrando* — Oh, minha Aninha, quanto te devo!

ANINHA — Deixemo-nos de cumprimentos. Diga-me, como se deixou prender?

JOSÉ — Assim que botei os pés fora desta porta, encontrei com o juiz, que me mandou agarrar.

ANINHA — Coitado!

JOSÉ — E se teu pai não fosse incumbido de me levar, estava perdido, havia ser soldado por força.

ANINHA — Se nós fugíssemos agora para nos casarmos?

JOSÉ — Lembras muito bem. O vigário a estas horas está na Igreja, e pode fazer-se tudo com brevidade.

ANINHA — Pois vamos, antes que meu pai venha.

JOSÉ — Vamos. *(Saem correndo.)*

## CENA XIX

MARIA ROSA, *entrando* — Ó Aninha! Aninha! Aonde está esta maldita? Aninha! Mas o que é isto? Esta porta aberta? Ah! Sr. Manuel João! Sr. Manuel João!

MANUEL JOÃO, *dentro* — O que é lá?

MARIA ROSA — Venha cá depressa. *(Entra Manuel João em mangas de camisa).*

MANUEL JOÃO — Então, o que é?

MARIA ROSA — O soldado fugiu!

MANUEL JOÃO — O que dizes, mulher?!

MARIA ROSA, *apontando para a porta* — Olhe!

MANUEL JOÃO — Ó diabo! *(Chega-se para o quarto.)* É verdade, fugiu! Tanto melhor, não terei o trabalho de o levar à cidade.

MANIA ROSA — Mas ele não fugiu só...

MANUEL JOÃO — Hein?!

MARIA ROSA — Aninha fugiu com ele.

MANUEL JOÃO — Aninha?!

MARIA ROSA — Sim.

MANUEL JOÃO — Minha filha fugir com uso vadio daqueles! Eis aqui o que fazem as guerras do Rio Grande!

MARIA ROSA — Ingrata! Filha ingrata!

MANUEL JOÃO — Dê-me lá minha jaqueta e meu chapéu, que quero ir à casa do Juiz de Paz fazer queixa do que nos sucede. Hei de mostrar àquele mequetrefe quem é Manuel João... Vá, senhora, não esteja a choramingar.

## CENA XX

*Entram José e Aninha e ajoelham-se aos pés de Manuel João.*

AMBOS — Senhor!

MANUEL JOÃO — O que é lá isso?

ANINHA — Meu pai, aqui está o meu marido.

MANUEL JOÃO — Teu marido?!

JOSÉ — Sim senhor, seu marido. Há muito tempo que nos amamos, e sabendo que não nos daríeis o vosso consentimento, fugimos e nos casamos na freguesia.

MANUEL JOÃO — E então? Agora peguem com um trapo quente. Está bom, levantem-se; já agora não há remédio. *(Aninha e José levantam-se. Aninha vai abraçar a mãe.)*

ANINHA — E minha mãe, me perdoa?

MARIA ROSA — E quando é que eu não hei de perdoar-te? Não sou tua mãe? *(Abraçam-se.)*

MANUEL JOÃO — É preciso agora irmos dar parte ao Juiz de Paz que você já não pode ser soldado, pois está casado. Senhora, vá buscar minha jaqueta. *(Sai Maria Rosa.)* Então o senhor conta viver à minha custa, e com o meu trabalho?

JOSÉ — Não senhor, também tenho braços para ajudar; e se o senhor não quer que eu aqui viva, irei para a Corte.

MANUEL JOÃO — E que vai ser lá?

JOSÉ — Quando não possa ser outra coisa, serei ganhador da Guarda Nacional. Cada ronda rende um mil-réis e cada guarda três mil-réis.

MANUEL JOÃO — Ora, vá-se com os diabos, não seja tolo. *(Entra Maria Rosa com a jaqueta e chapéu, e de xale.)*

MANIA ROSA — Aqui está.

MANUEL JOÃO, *depois de vestir a jaqueta* — Vamos pra casa do juiz.

TODOS — Vamos. *(Saem.)*

## CENA XXI

*Casa do Juiz. Entra o Juiz de Paz e o Escrivão.*

JUIZ — Agora que estamos com a pança cheia, vamos trabalhar um pouco. *(Assentam-se à mesa.)*

ESCRIVÃO — Vossa Senhoria vai amanhã à cidade?

JUIZ — Vou, sim. Quero me aconselhar com um letrado para saber como hei de despachar alguns requerimentos que cá tenho.

ESCRIVÃO — Pois Vossa Senhoria não sabe despachar?

JUIZ — Eu? Ora essa é boa! Eu entendo cá disso? Ainda quando é algum caso de umbigada, passe; mas casos sérios, é outra coisa. Eu lhe conto o que me ia acontecendo um dia. Um meu amigo me aconselhou que, todas as vezes que eu não soubesse dar um despacho, que desse o seguinte: "Não tem lugar." Um dia apresentaram-me um requerimento de certo sujeito, queixando-se que sua mulher não queria viver com ele, etc. Eu, não sabendo que despacho dar, dei o seguinte: "Não tem lugar." Isto mesmo é que queria a mulher; porém, o marido fez uma bulha de todos os diabos; foi à cidade, queixou-se ao Presidente, e eu estive quase não quase suspenso. Nada, não me acontece outra.

ESCRIVÃO — Vossa Senhoria não se envergonha, sendo um Juiz de Paz?

JUIZ — Envergonhar-me de quê? O senhor ainda está muito de cor. Aqui para nós, que ninguém nos ouve, quantos juízes de direito há por estas comarcas que não sabem aonde tem sua mão direita, quanto mais juízes de paz... E além disso, cada um faz o que sabe. *(Batem.)* Quem é?

MANUEL JOÃO, *dentro* — Um criado de Vossa Senhoria.

JUIZ — Pode entrar.

## CENA XXII

*Entram Manuel João, Maria Rosa, Aninha e José.*

JUIZ, *levantando-se* — Então, o que é isto? Pensava que já estava longe daqui!

MANUEL JOÃO — Não senhor, ainda não fui.

JUIZ — Isso vejo eu.

MANUEL JOÃO — Este rapaz não pode ser soldado.

JUIZ — Oh, uma rebelião? Sr. Escrivão, mande convocar a Guarda Nacional e oficie ao Governo.

MANUEL JOÃO — Vossa Senhoria não se aflija, este homem está casado.

JUIZ — Casado?!

MANUEL JOÃO — Sim senhor, e com minha filha.

JUIZ — Ah, então não é rebelião. - Mas vossa filha casada com um biltre destes?

MANUEL JOÃO — Tinha-o preso no meu quarto para levá-lo amanhã para a cidade; porém a menina, que foi mais esperta, furtou a chave e fugiu com ele.

ANINHA — Sim senhor, Sr. Juiz. Há muito tempo que o amo, e como achei ocasião, aproveitei.

JUIZ — A menina não perde ocasião! Agora, o que está feito, está feito. O senhor não irá mais para a cidade, pois está casado. Assim, não falemos mais nisso. Já que estão aqui, hão de fazer o favor de tomar uma xícara de café comigo, e dançarmos antes disto uma tirana. Vou mandar chamar mais algumas pessoas para fazerem a roda maior. *(Chega à porta.)* Ó Antônio! Vai à venda do Sr. Manuel do Coqueiro e dize aos senhores que há pouco saíram daqui que façam o favor de chegarem até cá. *(Para José:)* O senhor queira perdoar se o chamei de biltre; já aqui não está quem falou.

JOSÉ — Eu não me escandalizo; Vossa Senhoria tinha de algum modo razão, porém, eu me emendarei.

MANUEL JOÃO — E se não se emendar, tenho um relho.

JUIZ — Senhora Dona, queira perdoar se ainda a não cortejei. *(Cumprimenta.)*

MARIA ROSA, *cumprimentando* — Uma criada de Sua Excelência.

JUIZ — Obrigado, minha senhora... Aí chegam os amigos.

## CENA ÚLTIMA

*Os mesmos e os que estiveram em cena.*

JUIZ — Sejam bem-vindos, meus senhores. *(Cumprimentam-se.)* Eu os mandei chamar para tomarem uma xícara de café comigo e dançarmos um fado em obséquio ao Sr. Manuel João, que casou sua filha hoje.

TODOS — Obrigado a Vossa Senhoria.

INÁCIO JOSÉ, *para Manuel João* — Estimarei que sua filha seja feliz.

OS OUTROS — Da mesma sorte.

MANUEL JOÃO — Obrigado.

JUIZ — Sr. Escrivão, faça o favor de ir buscar a viola. *(Sai o Escrivão.)* Não façam cerimônia; suponham que estão em suas casas...Haja liberdade. Esta casa não é agora do Juiz de Paz - é de João Rodrigues. Sr. Tomás, faz-me o favor? *(Tomás chega-se para o Juiz e este o leva para um canto.)* O leitão ficou no chiqueiro?

TOMÁS — Ficou, sim senhor.

JUIZ — Bom. *(Para os outros:)* Vamos arranjar a roda. A noiva dançará comigo, e o noivo com sua sogra. Ó Sr. Manuel João, arranje outra roda... Vamos, vamos! *(Arranjam as rodas; o Escrivão entra com uma viola.)* Os outros senhores abanquem-se... Sr. Escrivão, ou toque, ou dê a viola a algum dos senhores. Um fado bem rasgadinho... bem choradinho...

MANUEL JOÃO — Agora sou eu gente!

JUIZ — Bravo, minha gente! Toque, toque! *(Um dos atores toca a tirana na viola; os outros batem palmas e caquinhos, e os mais dançam.)*

TOCADOR, *cantando* — Ganinha, minha senhora,

Da maior veneração;

Passarinho foi-se embora,

Me deixou penas na mão.

TODOS —  Se me dás que comê, Se me dás que bebê, Se me pagas as casas,

Vou morar com você. *(Dançam.)*

JUIZ — Assim, meu povo! Esquenta, esquenta!...

MANUEL JOÃO — Aferventa!...

TOCADOR, *cantando* — Em cima daquele morro

Há um pé de ananás;
Não há homem neste mundo
Como o nosso Juiz de Paz.

TODOS — Se me dás que comê
Se me dás que bebê
Se me pagas as casas
Vou morar com você.

JUIZ — Aferventa, aferventa!

**FIM**

Impressão e acabamento
**Gráfica Oceano**